새 나라 조선이 들어서다

'행복한 초등학교'를 펴내며

아름다운 세상, 행복한 삶을 위하여

　출판사 휴머니스트는 어느 날, 새로운 꿈을 꾸었습니다. 세계인과 교류하고 소통하며 21세기를 살아갈 우리 어린이들의 행복한 삶, 그 아이들이 만들 아름다운 세상을 함께 설계하고 싶다는 소망이었습니다. 이 같은 생각에 불을 붙인 분들은 바로 학부모님과 선생님들이었습니다. 휴머니스트가 2002년 펴낸 중·고생용 대안 교과서〈살아있는 한국사 교과서〉를 보신 그분들은 다른 영역의 대안 교과서와 더불어 초등학생을 위한 대안 교과서도 출간하라고 열렬히 요구하며 성원해 주셨습니다.

　〈행복한 초등학교〉는 저희들이 400만 초등학생과 학부모, 선생님 들의 소망을 담아 가치 있고 미래 지향적인 대안 교과서를 개발하겠다는 목표를 세우고 지난 3년 동안 정성을 기울인 결실입니다. 지식 교양의 기초 영역을 체계적으로 재구성하는 이 기획은 수학, 과학, 영어, 한국사로 출발하여 세계사, 철학, 인권, 생명 등 초등학생들이 지적·정서적으로 아름답게 성장하기 위해 필요한 모든 영역을 담아 나갈 것입니다.

　〈행복한 초등학교〉를 기획하고 만든 분들은 독자 여러분입니다. 앞으로 이 시리즈가 더욱 알차게 뻗어 나갈 수 있도록, 그래서 우리 아이들을 둘러싼 교육 환경이 더욱 행복해지도록 만들어 주실 분들도 학부모님과 선생님들입니다. 한 분 한 분을 저자와 편집자로 모시기 위해 언제든 문을 열어 두고, 찾아가겠습니다. 많은 관심과 조언을 부탁드립니다. 감사합니다.

편집인 한필훈

새 나라 조선이 들어서다

전국역사교사모임 지음 · 김원희 외 그림

초대하는 글

역사책을 읽으며 웃고 우는 너희를 보고 싶다

〈행복한 한국사 초등학교〉를 막 펼쳐 든 아이들아! 이 책은 우리나라의 역사에 대해 쓴 책이란다. 글을 쓴 우리는 모두 학교에서 역사를 가르치는 선생님이면서, 너희 같은 아들 딸을 둔 부모이기도 해. 너희는 '역사', '역사책'이라고 하면 어떤 생각이 드니?

민경 : 아, 또 역사책이야? 엄마가 들이미는 역사책은 재미없고 지루한데……. 나는 해리포터 같은 소설책이 좋아요. 한번 읽기 시작하면 점점 빠져들고, 뒷이야기가 궁금해져서 견딜 수가 없거든요. 수많은 사람의 삶에 대한 이야기는 읽고 나면 감동도 밀려와요. 하지만 역사책은

별로 재미도 없고 감동도 주지 않으면서 괜히 폼만 잡아요. "이것도 알아야 한다." "저것도 중요하다."고 외워야 할 것만 죽 늘어놓아요.

역사가 재미없다고? 그래 맞아. 너희가 그렇게 생각하는 것도 무리는 아니지. 역사 속 수많은 사람의 모습 대신 이름만 남고, 무슨 뜻인지도 모르고 외워야 할 제도만 남은 역사책은 재미없는 게 당연하단다. 하지만 역사야말로 수많은 사람이 얽히고설키면서 만들어 간 가장 웅장하고 아름다운 이야기, 가장 극적인 울트라 수퍼 드라마란다.
우리는 옛 사람들의 삶과 이야기가 묻어나는 살아 있는 역사를 들려주고 싶었단다. 딱딱한 제도와 이름에 숨결을 불어넣어서 너희와 생생하게 만나게 하고 싶었어. 그래서 우리는 옛날 사람들이 남긴 책과 유물, 유적, 다양한 흔적을 열심히 살펴보았단다. 이러한 것들을 '사료'라고 하지. 옛 사람들의 숨결과 생각이 담긴 사료들은 아주 생동감 있고 진실한 이야기로 다시 태어나서 너희에게 그 시대 사람들의 삶을 실감나게 보여 줄 거야.

형주 : 나는 역사책을 좋아해요. 역사책을 읽으면 새롭게 배우는 것이 많거든요. 나는 최초의 근대적 조약은 강화도 조약이고, 최초의 근대적 병원이 광혜원이라는 것도 알아요. 대단하죠? 그런데 도대체 '근대적'이라는 것이 무슨 뜻인가요?

형주는 아는 것이 정말 많구나! 그런데 역사 공부는 퀴즈 대회를 준비하는 것과는 다르단다. 역사를 좋아하고 역사책을 많이 읽었다는 아이들 가운데에는 형주처럼 아는 것은 많지만, 역사라는 커다란 그림을 잘 못 보는 아이도 많단다. 길을 갈 때 보도블록의 모양을 자세히 들여다보느라고 내가 어디로 가고 있는지 보지 못하는 경우처럼 말이야.

시간의 흐름을 칼로 자를 수 없듯이 역사도 계속 이어진다. 한 사건은 다른 사건을 낳고, 그 사건은 또 다른 사건으로 이어지고……. 눈에 보이지 않는 작은 변화들이 모여서 어느덧 완전히 다른 모습의 사회가 만들어지기도 했단다. 그 속에서 수많은 사람이 어려움을 이겨 내기도 하고, 길이 기억될 만한 멋진 문화 유산을 남기기도 했지. 이렇게 큰 그림을 보듯 역사를 만나면, 어느덧 사회를 읽는 눈과 사람을 보는 눈을 키울 수 있게 된단다.

우형 : 우리나라 역사는 갑갑해서 싫어요. 피라미드나 베르사유 궁전처럼 크고 화려한 유적도 없고, 영토도 좁고, 만날 다른 나라한테 얻어터지기나 하고. 우리나라 역사를 읽으면 자꾸 우울해져요. 우리가 일본보다 먼저 서양 문물을 받아들였다면, 일본의 식민지가 되지도 않았을 테고, 만주 땅도 다 우리 땅이 되었을 텐데 말이죠.

우리가 힘이 세서 다른 나라를 쳐들어갔다면 자랑스러운 역사일까? 자랑스러운 역사, 빛나는 역사는 땅덩어리의 크기나 전쟁의 승리로 정해지는 것이 아니란다. 〈행복한 한국사 초등학교〉를 열심히 읽다 보면, 우리나라 사람들이 얼마나 열심히 씩씩하게 살아 왔는지를 알게 될 거야. 끊임없는 전쟁 속에서도 굳건히 가꾸어 온 희망, 앞이 보이지 않는 역경을 헤쳐 나온 지혜, 좌절을 딛고 일어선 용기를 배울 수 있을 거야. 그러면서 너희는 분명 우리나라 역사를 사랑하게 될 거야.

너희가 만들어 갈 세상은 우리가 살아 온 지난날보다 더 나은 모습이기를 바란다. 미래를 만들어 가는 데 과거를 바라보는 것만큼 도움이 되는 것도 없지. 우리는 〈행복한 한국사 초등학교〉가 너희에게 그런 도움을 주었으면 하고 간절히 바란단다.
지금부터 우리 조상들이 살아 온 5000년의 이야기, 꿈을 꾼 사람들, 희망을 노래한 사람들, 성공한 사람들과 좌절한 사람들, 실패한 듯 보였지만 역사 속에서 살아난 사람들의 이야기를 들려줄게. 그 속에서 너희가 주인공이 될 멋진 미래를 꿈꾸어 보렴.

2008년 12월
글쓴이들

차례

'행복한 초등학교'를 펴내며   4
초대하는 글   6

1. 새로운 나라 조선
조선의 새 아침   16
태종, 새 나라의 기틀을 다지다   32
세종, 어진 정치의 본을 세우다   48
문화재를 찾아서 | 문 하나에도 유교의 가르침을 담아   82

2. 유교 국가의 틀을 갖추다
용상의 주인이 바뀌다	88
백성이 편안한 나라를 향하여	96
성종, 태평성대를 열다	114
세계 속의 한국 | 〈칠정산〉을 만든 조선의 힘	140

3. 조선 시대 사람들은 어떻게 살았을까
어진 임금 아래 어진 수령	146
농민은 나라의 근본	156
백성 아닌 백성, 노비	168
만약에 | 민본 정치를 펼친 세종	180

연표	182
사진 자료 제공	185
찾아보기	186
집필 후기	188

1 새로운 나라 조선

1392년 이성계, 개경 수창궁에서 즉위하다.
        새 나라 이름을 '조선'으로 정하다.
1396년 한성 도성을 완성하다.
1401년 신문고를 처음 설치하다.
1413년 호패법을 실시하다.
1419년 이종무, 쓰시마를 정벌하다.
1420년 집현전을 정비, 설치하다.
1429년 정초, 〈농사직설〉을 편찬하다.
1434년 4군 6진을 두기 시작하고 자격루를
        설치하다.
1446년 훈민정음을 반포하다.

잠시 낮잠에 빠졌던 이성계는 벌떡 일어나 앉았다. 아직도 등이 얼얼하고 식은땀이 흘러 내렸다.

"거 참, 이상한 꿈도 다 있네……."

꿈속에서 이성계는 어떤 동네를 지나가다가, 쓰러져 가는 집을 보고 얼른 그 집으로 들어갔다. 이성계는 끙끙거리며 서까래를 3개나 뽑아서 등에 지고 부랴부랴 집을 빠져나왔다. 낡은 집이 금방이라도 무너져 내릴 것만 같아 두려웠기 때문이다. 서까래가 어찌나 무거운지 내려놓고 싶어도 등에 딱 달라붙은 듯 내려놓을 수가 없었다.

'바람을 쐬고 오면 기분이 좀 나아질까?'

집 밖으로 나간 이성계가 길을 걷고 있는데, 허름한 옷차림을 한 노인이 앉아 있었다. 노인은 어떤 젊은이의 얼굴을 찬찬히 뜯어보면서 앞날에 대하여 말해 주던 참이었다.

'관상을 잘 보는 노인이구나. 나도 한번 물어볼까?'

이성계는 젊은이가 가기를 기다렸다가 노인에게 물었다.

"어르신, 저는 앞으로 어떤 사람이 되겠습니까?"

이성계의 얼굴을 가만히 바라보던 노인은 갑자기 얼굴이 하얗게 변하더니 땅 위에 한 '일(一)' 자를 쓰고 쏜살같이 달아나 버렸다.

이성계는 훗날 조선의 첫 번째 왕이 되었다. 왕이 된 이성계가 친구 무학 대사에게 꿈 이야기와 노인 이야기를 했더니, 무학 대사는 껄껄 웃으며 이렇게 대답하였다.

"모두 임금 '왕(王)' 자입니다. 등(丨)에 서까래를 3개(三) 지고 나왔으니 '王'이요, 흙(土) 위에 작대기 하나(一)를 더하였으니 그 또한 '王'이 되지요."

조선의 새 아침

저무는 고려, 떠오르는 조선

공양왕은 홀로 궁궐 뒤뜰을 거닐고 있었다. 을씨년스러운 초겨울 바람이 휙 불자, 말라 버린 나뭇잎이 우수수 떨어지고 앙상한 가지가 드러났다.

'정녕 고려는 이대로 무너지고 마는 것인가?'

공양왕의 마음은 무거웠다. 왕은 이름뿐이었고 힘없는 허수아비와 다를 바 없었다. 공양왕은 이성계의 무서운 눈빛에 눌려 결국 쫓겨난 우왕과 창왕에게 사약을 내려 보내라는 명령을 내리고 말았다. 자신을 왕좌에 밀어 올린 이성계와 그를 따르는 무리의 손에 공양왕 자신과 고려의 운명이 달려 있었다.

"부패하고 무능한 고려는 더 이상 백성들을 위한 나라가 아닙니다! 새로운 나라를 열어야 합니다."

이성계의 편에 선 사람들은 새 나라를 열어야 한다고 목소리를 높였다.

"나는 고려의 신하인데, 어찌 나라를 바꿀 수 있단 말이오. 잘못된 제도는 고치면 되지 않겠소?"

정몽주를 따르는 사람들은 500년을 이어 온 고려 왕조를 지켜 내려고 안간힘을 썼다. 깊은 생각에 잠긴 공양왕 곁으로 정몽주가 소리 없이 다가왔다.

"날도 추운데 나와 계셨습니까?"

"포은공이구려. 이 나라의 앞날이 정말 걱정이오."

"이성계를 따르는 무리를 조정에서 쫓아내십시오. 그래야 고려가 살 수 있습니다."

"나도 그러고 싶소. 하지만 쉬운 일이 아니지 않소."

드디어 공양왕이 기다리던 기회가 왔다. 이성계가 개경에서 멀리 떨어진 곳으로 사냥을 나갔다가 말에서 떨어져 허리를 크게 다치는 바람에 벽란도에서 꼼짝을 못하고 있었다. 공양왕은 이 틈을 타 정도전, 조준, 남은 등 이성계 무리를 모두 먼 곳으로 유배 보냈다.

이 소식을 들은 이성계는 깜짝 놀랐다.

'무엇이라고? 감히 내 두 팔과 같은 사람들을 쫓아내다니…… 자칫하면 모든 것을 잃겠구나. 빨리 개경으로 돌아가야겠다.'

이성계는 다섯째 아들 방원의 도움을 받아 가마를 타고 밤을 새워 개경으로 몰래 돌아왔다. 개경으로 돌아오는 내내 방원은 곰곰이 생각하였다.

'아무래도 안 되겠어. 정몽주의 마음을 돌려야지. 정몽주를 우리 편에 서도록 해야겠는데…… 만약 거절하면 그 때는 어쩔 수 없지.'

며칠 뒤 이방원은 정몽주를 자신의 집으로 초대하였다. 정몽주도 이성계 쪽 분위기를 살피려고 초대에 응하였다. 두 사람 앞에 호화로운 술상이 차려졌다. 해질 무렵의 붉은 노을이 술잔에 어른거렸다.

"포은공, 참으로 오랜만이오. 공을 만나고 보니 시조 한 수로 내 마음을 전하고 싶소."

이런들 어떠하리, 저런들 어떠하리
만수산 드렁칡이 얽혀진들 어떠하리
우리도 이같이 얽혀서 백 년까지 누리리라.

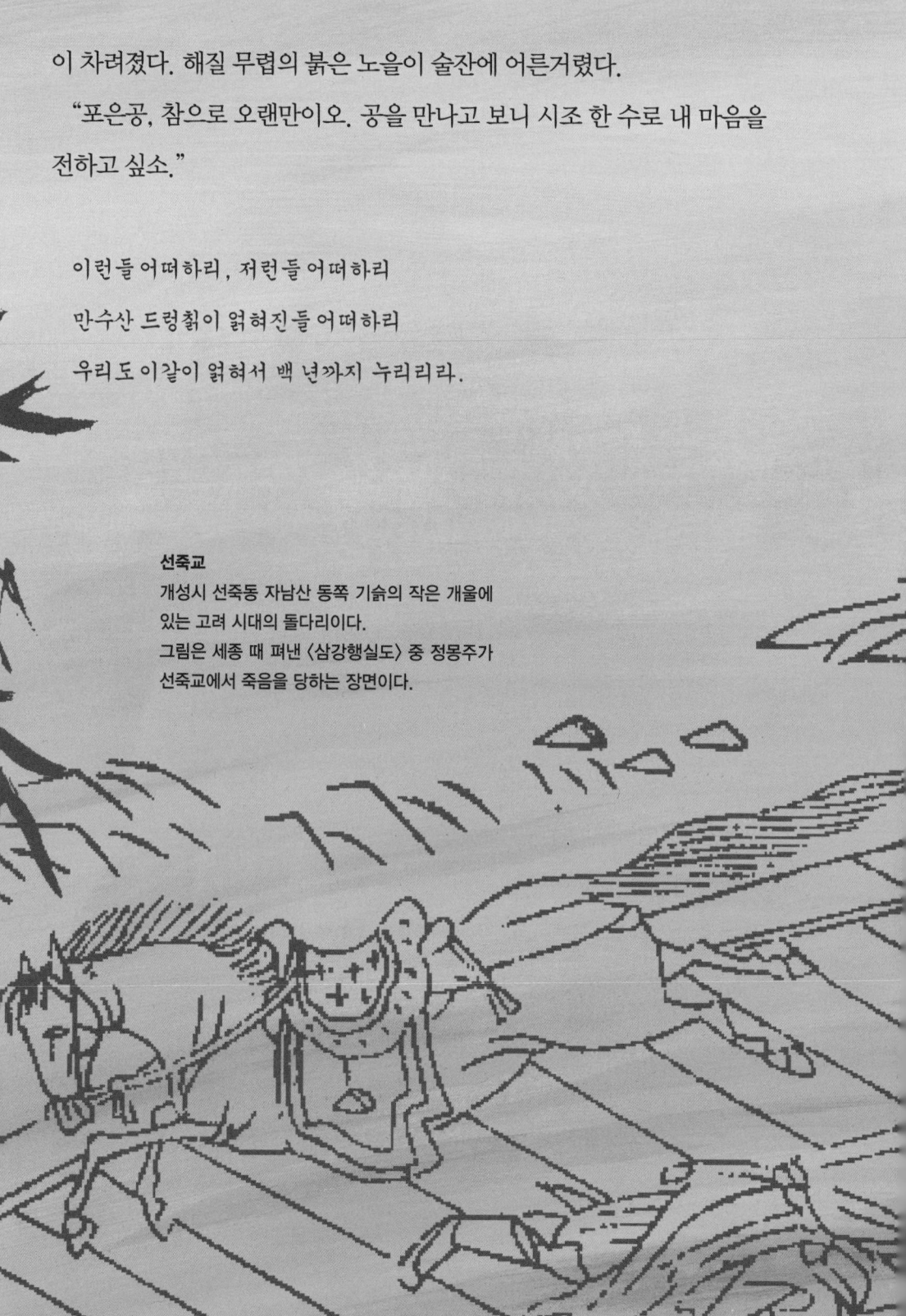

선죽교
개성시 선죽동 자남산 동쪽 기슭의 작은 개울에 있는 고려 시대의 돌다리이다.
그림은 세종 때 펴낸 《삼강행실도》 중 정몽주가 선죽교에서 죽음을 당하는 장면이다.

정몽주가 입가에 엷은 미소를 머금고 말하였다.
"나도 시조로 답을 하리다."

이 몸이 죽고 죽어 일백 번 고쳐죽어
백골이 진토 되어 넋이라도 있고 없고
임 향한 일편단심이야 가실 줄이 있으랴.

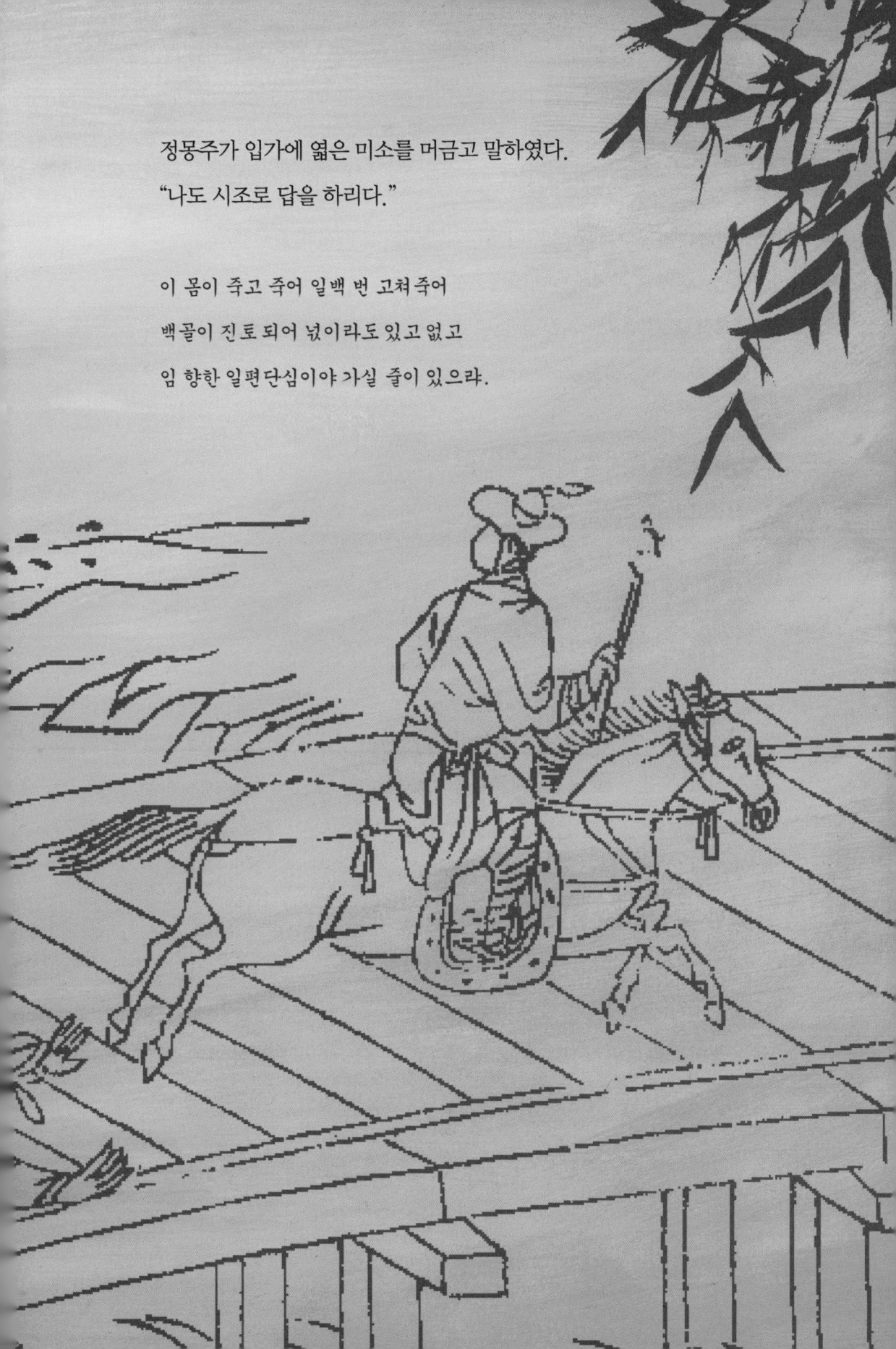

순간 방원의 표정이 일그러졌다. 방원은 심복 조영규를 은밀히 불러 조용히 무엇인가를 일렀다.

그날 밤, 정몽주는 울적한 마음으로 허위허위 걸어 집으로 돌아가고 있었다. 그가 작은 개울을 건너려고 선지교 위를 지날 때였다. 갑자기 다리 아래쪽에서 시커멓고 커다란 그림자가 튀어 올라왔다. 그러고는 커다란 철퇴로 정몽주를 내리쳤다. 미처 피하지 못한 정몽주는 붉은 피를 뿌리며 다리 위에 쓰러져 숨을 거두었다. 다리 위에 오래도록 남아 있던 붉은 핏자국에서 충절의 상징 대나무가 자랐다고 하여 후세 사람들이 다리 이름을 선죽교라고 고쳐 불렀다. 정몽주가 죽자 정도전과 남은, 조준 등은 다시 조정으로 돌아왔다.

이성계, 왕이 되다

1392년 어느 여름 날, 고려의 왕도 개경 거리는 아침부터 술렁이는 인파로 북적였다. 정도전, 조준, 배극렴을 비롯한 수십 명이 옥새(임금의 도장)를 들고 이성계의 집으로 몰려가고 있었다. 공양왕이 내어 준 옥새였다. 공양왕은 그 날로 강원도 산골로 쫓겨났다.

"그럼, 이성계 장군이 새 임금님이 된다는 거야?"

"허허, 떠돌던 이야기가 헛소문이 아니었네 그려."

행렬이 지나간 길에는 점점 더 많은 사람이 구름처럼 모여들었다. 이성계는 몸이 아프다면서 대문을 굳게 닫아걸고 정도전 일행을 집 안에 들이지 않았다. 왕위를 사양한다는 뜻이었다. 정도전 일행은 대문을 밀치고

태조 이성계
조선을 건국한 태조 이성계의 초상화.
이성계는 어려서부터 담대하고 활을
귀신같이 잘 쏘기로 유명하였다.

들어갔다. 그러고는 대청마루에 옥새가 든 상자를 올려놓고 이성계가 나오기를 기다렸다.

길고 긴 여름 해가 서쪽으로 저물어 땅거미가 질 무렵, 드디어 이성계가 모습을 나타냈다. 마당에서 기다리던 사람들이 일제히 절을 하고 북을 치며 집이 떠나가도록 환호성을 질렀다. 배극렴이 앞으로 나섰다.

"장군님, 이제 왕위에 오르셔야 합니다. 부디 이 나라 만백성을 잘 다스려 주십시오."

기다렸다는 듯이 모두가 소리를 맞추어 말하였다.

"옥새를 받으시고 왕위에 오르시옵소서."

이성계는 몇 번 사양하다가 못 이기는 척하며 옥새를 받아들었다.

이튿날 이른 아침, 이성계는 수창궁으로 나갔다. 모든 신하들이 늘어서서 새로운 왕을 기다리고 있었다. 그런데 이성계는 임금의 자리, 옥좌에 앉지 않았다. 옥좌 옆에 서서 신하들의 인사를 받고 국왕이 되는 즉위식을 조촐하게 치렀다. 축하를 위한 연회도, 떠들썩한 잔치도 없었다. 나라 이름도 그대로 고려였다. 공양왕을 내쫓고 왕위에 오른 일에 대해 백성들의 시선이 곱지 않다는 것을 잘 알고 있기 때문이었다.

비록 낡고 흔들리는 나라였지만 조상 대대로 고려의 백성이었던 사람들은 고려의 왕은 왕(王) 씨만 될 수 있다고 생각하였다. 여전히 고려 왕실에 충성을 바치려는 신하도 적지 않았다. 이성계가 왕이 되는 것이 의롭지 못한 일이라고 하면서 개경 남쪽의 두문동으로 들어가 세상을 등진 신하도 70명이 넘었다.

이성계는 자신이 새로운 나라를 열었음을 알리기 위해 명나라에 사신을 보냈다. 석 달 뒤, 명나라 황제의 사신이 개경에 도착하였다. 명나라 사신은 황제의 칙서를 큰 소리로 읽었다. 이성계를 새 나라의 첫 국왕으로 인정한다는 내용이었다. 이성계의 심장이 세차게 두근거렸다.

'명나라가 인정을 하였으니 이제 나의 권위에 감히 도전할 자가 누가 있겠는가.'

명나라 사신이 말하였다.

"대 명나라 황제 폐하께서는 새 나라의 이름이 무엇인지 궁금해 하셨습니다."

조정에서는 새 나라의 이름을 무엇으로 할 것인지 의논하였다.

"단군의 조선과 기자의 조선을 이어받아 아름다운 문화를 꽃피울 나라이니 조선이라 부르는 것이 가장 좋을 듯하옵니다."

"아니옵니다. 전하의 고향인 화령을 나라 이름으로 정하셔야 합니다."

이성계는 다시 명나라에 사신을 보내 조선과 화령 가운데서 황제가 직접 이름을 정해 달라고 청하였다. 이듬해 명나라 황제는 답신을 보내왔다.

"나라 이름으로는 유래가 오래된 조선이 좋겠다."

새 나라는 조선이라고 불리게 되었다.

시간이 흐르면서 점차 나라 안 곳곳으로 이성계가 훌륭한 인품과 뛰어난 재주를 지닌 사람이라는 이야기가 퍼져 나갔다. 이성계 자신뿐 아니라 그의 아버지, 할아버지, 증조할아버지까지 모두 용맹한 장군이었고 백성들을 어려움에서 구하고자 애썼다는 이야기가 수많은 사람의 입에 오르내렸다. 점차 백성들은 세상을 바로잡기 위해 하늘이 내린 사람이 바로 이성계라고 믿게 되었다.

한양을 새 도읍으로 삼다

"개경은 왕씨들의 나라, 망해 버린 고려의 도읍이다. 나는 새 도읍을 세워 조선이 오래도록 번영하도록 할 것이다."

태조 이성계는 도읍을 옮길 계획을 세우기 시작하였다. 대대로 개경에서 살아온 많은 세력가의 반대가 거세었지만 태조의 뜻을 꺾을 수는 없었다.

이성계는 새 도읍지를 직접 찾아 나섰다. 수많은 호위 병사를 거느리고 계룡산을 향해 남쪽으로 길을 잡은 왕의 행렬에는 자신감과 위엄이 넘쳤다. 서운관에서 풍수를 잘 보기로 유명한 관리가 새 도읍지 후보로 올린 곳이 바로 계룡산이었다. 태조의 곁에는 절친한 평생 친구 무학 대사가 있었고, 의형제를 맺은 여진족 출신 장수 퉁두란이 행렬을 이끌었다.

"아이고, 이제 개경은 그야말로 끝이로세."

"하는 수 없지 않은가. 망한 나라의 도읍이니 이제 한낱 시골 마을이 되고 말겠네."

개경 사람들은 행여 남이 들을까 봐 조용히 한숨을 지었다.

이윽고 계룡산 자락에 도착한 태조는 사방을 둘러보았다. 그리고 이곳에 새 도읍을 건설하도록 명령하였다. 한창 도읍 공사가 진행되고 있을 때, 경기도 관찰사 하륜이 올린 상소문 한 장이 모든 것을 바꾸어 놓았다.

"한 나라의 도읍은 마땅히 나라의 중앙에 있어야 합니다. 계룡산은 너무 남쪽에 치우쳐 있을 뿐 아니라 산과 물의 조화가 맞지 않아 도읍으로 적절하지 않습니다."

태조는 하륜에게 책임지고 새 도읍이 될 만한 곳을 찾으라고 하였다. 하륜은 여러 곳을 찾아본 끝에 한강변에 있는 무악, 지금의 서울 신촌 부근이 도읍으로 적당하다고 아뢰었다. 이번에는 정도전이 무악은 너무 좁다면서 반대하였다.

태조는 직접 무악을 살피기로 작정하고 길을 떠났다. 도읍만큼은 자신의 눈으로 확인하고 결정하고 싶었기 때문이다. 무악을 둘러본 태조는 머리도 식힐 겸 바로 옆에 있는 한양을 찾았다. 한양은 고려 시대에도 남경이라 불릴 만큼 중시되던 곳이었다. 그래서 궁궐 공사를 위한 기초 공사도 웬만큼 되어 있었다.

태조는 이곳이 썩 마음에 들었다. 정도전도 한양을 새 도읍으로 삼는 데 찬성하였다.

"이곳 한양을 조선의 도읍으로 삼고 한성으로 부르겠다."

한시라도 빨리 개경을 떠나고 싶었던 이성계는 왕실 가족과 관리들을 모두 이끌고 궁궐도 짓기 전에 새 도읍으로 옮겨 왔다. 그리고 이곳 수령이 업무를 보던 객사 건물을 임시 궁궐로 사용하였다.

얼어붙은 날씨가 풀리자 마자 새 도읍지 한성부 건설은 일사천리로 진행되었다. 도읍지 건설의 총책임은 정도전이 맡았다. 각 도에서 농민들이 번갈아 올라와 일을 하고 다시 내려가는 일이 되풀이되었다. 건물을 짓는 데 필요한 기술을 가진 승려들도 동원되었다.

태조 이성계가 새 나라의 도읍으로 정하였지만, 정작 한성부를 만들어

도성도
18세기 중엽에 펴낸 〈여지도〉에 실린 한성 도성도이다.
산은 밝은 녹색으로 도로는 붉은색으로 나타내었다.

낸 사람은 무수히 많은 돌을 깎아 나르고, 아름드리나무를 다듬어 기둥을 세운 이름 없는 백성들이었다.

왕실 조상을 모신 종묘를 짓고, 농경신께 제사를 올릴 사직단도 만들었다. 우람한 궁궐을 세우는가 싶더니 궁궐 앞쪽 너른 길을 따라 관청 건물이 줄지어 올라갔다. 사람들이 살 집과 상점 건물도 짓고 사방으로 널찍한 길도 내어 닦았다. 도성을 둘러싼 성벽을 튼튼하게 쌓고 성벽의 동서남북에 큰 문을, 사이사이에 작은 문을 내어 사람들이 드나들도록 하였다.

드디어 새 궁궐이 만천하에 모습을 드러냈다. 짙푸른 북악산 자락을 따라 들어선 전각들은 화려하고도 웅장하였다. 태조는 크게 기뻐하며 잔치를 열었다. 흥겨운 음악 속에 잔치가 무르익자 태조가 정도전에게 말하였다.

"정말 수고가 많았소. 이 궁궐의 이름을 경이 지어 올리면 어떻겠소?"

정도전은 이미 준비하였다는 듯이 큰 소리로 말하였다.

"오래도록 큰 복을 누릴 나라의 궁궐이오니, 경복궁이라 하십시오. 제일 앞에 지어진 가장 큰 건물은 부지런히 나라를 다스린다는 뜻으로 근정전이라 부르십시오."

웅장한 근정전 앞은 용과 해태가 아로새겨진 화려한 돌로 장식하였고, 신하들이 맞추어 설 수 있도록 품계석이 줄지어 세워졌다. 근정전에서는 세자를 책봉하거나 중국 사신을 맞아들이는 일과 같은 중요한 의식이 치러졌다. 장엄한 음악이 울리는 가운데 군사들의 호위를 받으며 국왕이 천천히 걸음을 옮겨 옥좌에 앉는 모습에서는 위엄이 묻어났다. 붉은빛의 조복(관리들이 나랏일을 볼 때 입는 옷)을 입고 금빛이 반짝이는 관을 머리에 쓴 수백 명의 벼슬아치들이 동편과 서편으로 길게 늘어서 머리를 조아렸다.

태조는 여러 관청도 정비하였다. 고려 때부터 있던 곳을 고치기도 하고, 새로 만들기도 하였다. 중요한 나랏일은 이조, 호조, 예조, 병조, 형조, 공조의 6조에서 챙겨 조선 8도 방방곡곡으로 알리도록 하였다.

유교의 나라, 조선

고려가 불교의 나라였다면 조선은 유교의 나라였다. 태조를 도와 조선을 세우는 데 큰 공을 세운 정도전 등은 불교 때문에 고려가 잘못된 길로 들어섰다고 생각하였다. 그들은 타락의 늪에 빠진 불교가 어지럽힌 세상을 효와 충, 유교의 가르침으로 바로잡아야 한다고 믿었다.

"전하, 불교 승려들은 수천만 냥을 들여 사치스럽게 절을 짓고 있습니다. 그뿐 아니라 법회를 연답시고 백성들의 피땀을 쥐어짜고 있습니다. 승려들은 부처만 따르면 된다면서 부모 형제도 모른 척하고, 군인이 되어 나라를 지키는 일도 하지 않으려고 합니다. 절의 재산을 국가에 귀속시키고 백성들이 승려가 되지 못하도록 하십시오."

정도전의 말에 태조가 대답하였다.

"알겠소. 앞으로는 마음대로 절을 지을 수 없을 것이오. 또한 승려가 되려면 반드시 나라의 허락을 받고, 많은 곡식을 바쳐야만 할 것이오."

삼국 시대부터 고려 시대까지 하늘의 별처럼 많았던 절들이 점점 줄어들었다.

백성들 가까이, 사람들과 가까운 곳에 있던 절들은 점점 없어지고, 저 멀리 깊은 산 속에 있는 절들만 살아남게 되었다. 절들이 가지고 있던 그 많은 재산은 당연히 나라의 것이 되었다. 있을 곳이 없어진 많은 승려는 다시 보통 백성으로 돌아갔다. 끝까지 승려로 남은 사람들은 예전의 힘과 권위를 다 잃어버리고 나라에서 시키는 궂은일을 도맡는 신세가 되었다.

조선을 세운 사람들은 불교를 억압하는 정책을 폈지만, 천년이 넘도록 사람들과 함께한 부처님 모습을 완전히 지울 수는 없었다. 부드러운 미소의 부처님 모습은 사람들의 마음속에 깊이 남아 있었다. 힘들고 고통스러운 일을 당한 사람들은 깊은 산 속, 절에 계신 부처님을 찾아가 위로를 받았다.

태종, 새 나라의 기틀을 다지다

용상으로 가는 험난한 길

"전하, 하루속히 세자를 정하십시오. 든든한 후계자가 버티고 있어야 나라가 더욱 안정될 것입니다."

모든 신하들은 하루라도 빨리 세자를 책봉해야 한다고 아뢰었다. 이성계의 생각도 같았다.

'그런데 누구를 세자로 세워야 할까?'

태조에게는 아들이 8명이나 있었다. 위로 여섯은 태조가 왕위에 오르기도 전에 세상을 떠난 첫째 부인 한씨가 낳은 아들이고, 나머지 둘은 둘째 부인이자 지금의 왕후인 강씨 소생이다.

태조는 정도전을 불러 물었다.

"누구를 세자로 세우면 좋겠소?"

정도전이 잠시 생각하였다.

'방원의 공이 제일 크지만 성격이

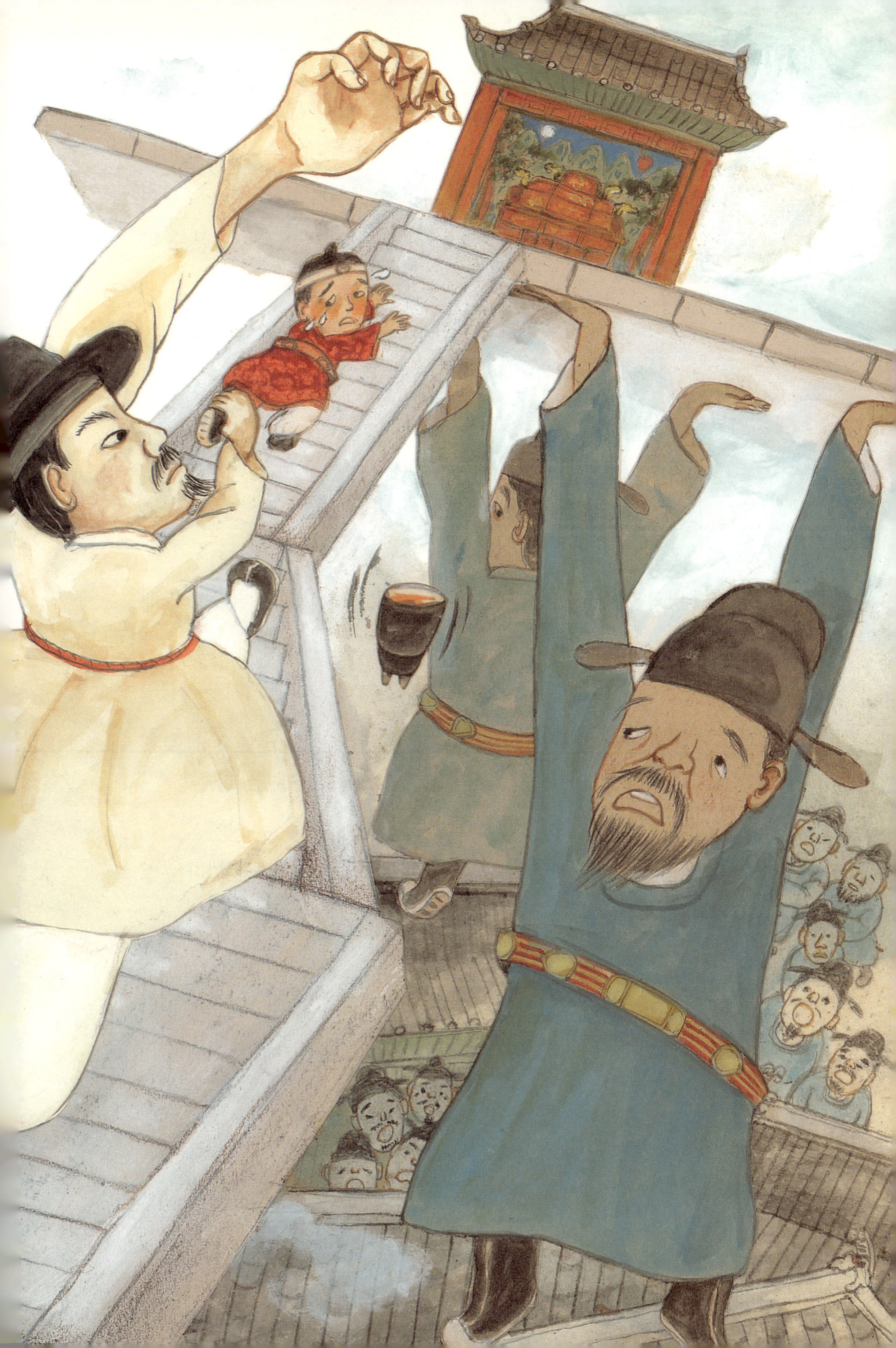

너무 강해서 곤란해. 왕이 되면 신하의 말을 잘 듣지 않을 것이 분명해. 조선이 유교의 나라가 되려면 신하의 힘이 왕보다 커야 하는데…… 나이 어린 세자를 세우고 잘 가르치면 장차 내가 품은 원대한 꿈을 펼칠 수 있을 거야.'

정도전은 태조를 똑바로 바라보며 단호하게 말하였다.

"왕은 만백성의 어버이입니다. 깨끗하고 따뜻한 인품을 지닌 막내 방석 왕자님을 세자로 삼으시면 좋겠습니다."

태조가 듣고 싶었던 대답이었다. 목숨을 걸고 자신을 도왔던 여러 아들들, 특히 다섯째 방원이가 마음에 걸렸지만, 막내아들 방석을 세자로 삼기로 하였다. 정도전이 방석의 스승이었기 때문에 더욱 든든하였다.

태조가 방석을 세자로 책봉하겠다고 말하자, 조정이 발칵 뒤집혔다. 배극렴이 나섰다.

"태평한 시대라면 맏아들이 왕위를 잇는 것이 옳습니다. 하지만 지금처럼 어지러울 때는 유능한 아들이 대를 이어야 하옵니다. 그 동안 세운 공으로 보나 능력으로 보나 방원 왕자님을 세자로 삼으셔야 합니다."

조정에는 방원을 따르는 사람이 훨씬 많았다.

"방석 왕자님은 너무 어려 나랏일을 모르는 데다 총명하지 못하다는 소문도 있사옵니다."

정도전이 태조의 편을 들며 나섰다.

"나랏일은 지금부터 차근차근 배우면 됩니다. 그리고 국왕은 손에 피를 묻히지 않고 어진 덕을 베풀 수 있어야 합니다. 방원 왕자님은 너무 많은 사람들을 죽이지 않았습니까?"

결국 태조는 사랑하는 왕비 강씨와 정도전의 주장에 따라 막내아들 방석을 세자로 책봉하였다. 방원이 스물여섯 살 건장한 청년인 데 비해 방석은 이제 열 살이 갓 넘은 어린 소년이었다. 방원은 두 주먹을 불끈 쥐고 부르르 떨었다.

'아버님을 도와 목숨을 걸었던 나를 이렇게 푸대접해도 된단 말인가. 게다가 둘째 부인의 아들을 세자로 삼다니…….'

방원은 울분을 삼켰다.

'어디 두고 보자. 이렇게 물러설 내가 아니다.'

방원은 몸을 낮추고 사람들을 모으며 때를 기다렸다.

어느덧 조선이 세워진 지 5년의 세월이 흘렀다. 세자의 어머니 왕비 강씨가 세상을 떠났다. 나이 예순을 바라보던 태조는 몸과 마음이 지친 데다 왕비마저 잃자 나라를 다스리는 일에 맥을 놓았다. 어머니를 잃은 어린 세자에게는 이제 정도전이 유일한 바람막이였다.

형제들의 가슴에 겨눈 칼, 왕자의 난

어느 날 아침, 하륜이 방원을 찾아왔다.

"정안 대군 마마, 알고 계십니까? 정도전 등이 세자를 왕위에 앉히려 한다는 소문이 돌고 있사옵니다."

방원은 깜짝 놀랐다.

"아바마마께서 아직 정정하신데, 설마 그럴 리가 있습니까?"

"그렇지가 않사옵니다. 주상 전하께서 살아계실 때 세자에게 왕위를 물

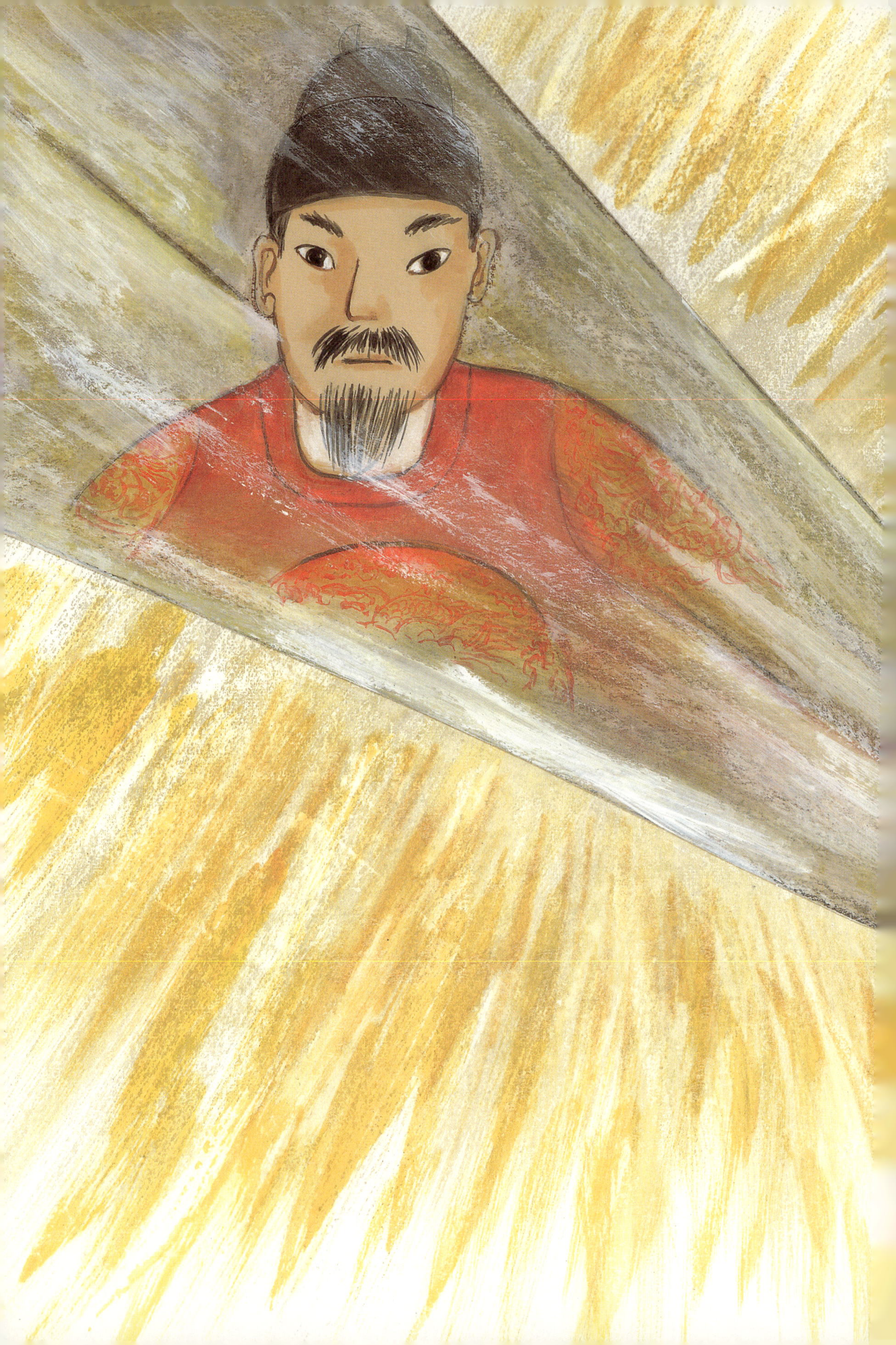

려주고, 감히 다른 마음을 먹는 자가 없도록 하려는 것이 아닐까요? 그렇게 되면……."

"그렇게 되면?"

"정도전은 정안 대군 마마를 가장 위험한 인물로 보고 있습니다. 아마도 목숨이 위태로우실지 모릅니다."

며칠 뒤 한밤중에 갑자기 대궐에서 전갈이 왔다. 태조가 급작스레 병이 났으니 입궐하라는 것이었다.

'이상하구나. 어제 뵈었을 때도 아바마마는 멀쩡하셨는데…… 나이가 드셨어도 그렇게 쓰러질 분은 아니지. 뭔가 음모가 있는 게 틀림없어.'

정도전 등의 음모임을 눈치 챈 방원은 관복 속에 갑옷을 입은 채 군사를 이끌고 경복궁 쪽으로 달려갔다. 부인 민씨의 남동생 무질, 무구도 군사를 이끌고 그의 뒤를 따랐다. 방원 일행은 먼저 남은의 집으로 들이닥쳤다. 그곳에서 술을 마시던 남은과 정도전이 순식간에 방원의 칼에 맞아 죽었다. 방원의 부하 이숙번이 궁으로 달려가 세자와 세자의 친형인 방번을 사로잡았다. 모든 일이 눈 깜짝할 사이에 일어났다.

며칠이 지나고 나서야 이 소식을 들은 태조는 불같이 노하였다. 왕비를 잃고 얼마 안 되어 평생의 동지 정도전과 남은을 잃은 태조는 비탄에 빠졌다. 게다가 세자 형제의 목숨도 바람 앞의 등불 같은 처지가 되고 말았다.

"방원이, 이 놈~ 네가 어찌 이럴 수가 있단 말이냐."

방원은 두려움을 느끼기는커

녕 눈썹 하나 까딱하지 않았다.

"아바마마, 고정하시옵소서. 정도전 등이 세자를 왕위에 올리려는 역모를 꾀하였습니다. 소자는 아바마마를 지켜 드리고자 역모의 무리를 잡아 죽인 것뿐이옵니다."

세자 형제는 결국 목숨을 잃었다.

태조는 활활 타오르는 두 눈을 부릅뜨고 방원을 노려보았지만, 이제는 자신에게 힘이 없다는 사실을 뼈저리게 느낄 뿐이었다.

방원, 태종으로 등극하다

"그럼, 이제 다섯째 왕자 방원이 세자가 되는 건가?"

"참 무서운 사람이야. 어떻게 피를 나눈 형제를 죽이고……."

사람들은 방원이 세자가 될 것이라고 수군거렸다. 아무리 어머니가 다르다지만, 동생을 죽이고 세자가 되려고 한다면서 손가락질하였다. 하지만 방원은 경솔하게 행동하지 않았다. 태조의 큰아들이 일찍 죽은 터라 둘째 방과가 세자가 되었다. 화가 풀리지 않은 이성계는 방과에게 왕위를 물려주고 상왕이 되어 고향인 함흥으로 훌쩍 떠나 버렸다. 그러나 왕의 도장 옥새는 넘겨주지 않고 소중히 품고 있었다.

'이놈들, 어디 두고 보자. 내가 다시 힘을 모아 네 놈들을 내치고 말 것이다.'

평생 동안 숱한 전쟁에서 단 한 번도 패한 적이 없던 이성계였다. 그런 그가 아들에게 쫓겨나 듯 왕위를 내어주게 될 줄 누가 알았을까?

얼떨결에 왕이 된 방과 정종의 마음도 불안하기 짝이 없었다. 방원을 비롯한 동생들이 두려웠고, 눈치를 보며 지내는 하루하루가 고역이었다. 그러던 중에 넷째 방간이 군사를 일으켜 방원을 치는 일이 터졌다. 방간도 왕이 되고 싶었던 것이다. 방간은 박포란 자의 간사한 농간에 넘어가 어리석게 군사를 일으켰지만 방원의 상대가 되지 못하였다.

정종은 더 이상 허수아비 왕 노릇을 하기 싫었다. 방원을 따르는 조정 대신들은 하루가 멀다 하고 방원을 왕세제, 즉 왕위를 계승할 동생으로 삼으라고 성화였다. 정종은 방원을 왕세제로 삼았다가 곧 왕위를 물려주고 홀가분하게 용상에서 내려왔다. 이제 정종은 상왕, 태조는 태상왕이 되었다.

방원은 그토록 그리던 왕의 자리에 앉게 되었다.

"동생을 죽이더니만 결국 아버지와 형까지 쫓아내고 왕이 되셨군."

"예끼, 이 사람아, 입조심하게. 목숨을 날리고 싶은가?"

"임금님이 불효자이니 백성들이 뭘 보고 배우겠어?"

태종이 된 방원에게는 첩첩산중 같은 어려움이 기다리고 있었다. 그 중에서도 백성들의 마음이 싸늘하게 돌아선 것이 가장 큰 걱정이었다. 태종은 속이 상했지만 그럴수록 효도를 다하는 모습을 백성들에게 보이는 방법밖에 없었다. 아버지의 마음을 돌리려고 여러 차례 차사(왕의 심부름을 하는 관리)를 보냈다. 하지만 태조는 꿈쩍도 하지 않았다.

엎친 데 덮친 격으로 안변 부사 조사의가 동북면에서 반란을 일으켰다는 소식이 날아들었다. 반란군의 수가 1만 명을 넘었다고 했다. 함흥을 향해 길을 떠난 태상왕 일행은 반란이 일어난 지역에 가까이 가고 있었다.

태종과 조정 대신들은 바짝 긴장하였다. 동북면에는 아직도 태조를 따르는 사람이 많았기 때문이다.

"큰일입니다. 만약 태상왕께서 함흥의 반란군과 손을 잡으시면 일이 매우 커집니다."

"빨리 태상왕 전하를 모셔 오도록 하십시오. 한시가 급하옵니다."

태종은 급히 함흥으로 사람을 보내 태조를 모셔 오도록 하고 반란 지역 주변의 수령들이 반란에 가담하지 못하도록 엄하게 단속하였다. 반란군은 태종이 직접 지휘한 관군에게 허물어져 내렸다. 결국 사로잡힌 조사의 등 주동자 십수 명이 죽음을 당하거나 귀양을 가는 것으로 끝났다.

이 상황을 지켜본 태상왕 이성계는 못 이기는 척하며 귀경길에 올랐다. 한겨울이었지만 태종이 직접 멀리까지 마중을 나가 꿇어 엎드렸다. 이성계의 마음은 후회로 가득하였다.

'내가 진작 방원을 세자로 삼았다면 애꿎은 아들들을 죽이지 않아도 되었을 텐데…… 모두 나의 잘못이다.'

이성계는 태종의 손을 잡아 일으킨 뒤 깊이 간직해 온 옥새를 아들의 손에 들려주었다.

"부디 훌륭한 국왕이 되어 주시오."

태종의 마음을 짓누르던 무거운 짐이 벗겨지는 순간이었다. 얼마 뒤 태조 이성계는 세상을 떠났다. 나라를 세운 지 16년, 그의 나이 74세였다.

강력한 국왕, 태종

옥새를 물려받은 태종은 자신이 원하는 정치를 펼치는 데 거침이 없었다. 한번 마음먹은 일은 어떤 반대에 부딪혀도 밀고 나갔다. 태종의 뜻에 끝까지 맞서는 신하들은 쫓겨났다. 태종은 왕의 힘을 강하게 만들어야 한다고 생각해 왕명을 어기는 자는 신분을 가리지 않고 엄벌에 처하였다.

"사사로운 군사는 왕권을 위협할 수 있는 법! 오직 국왕만이 군대를 이끌 수 있노라."

태종은 왕자들이나 권세가들이 거느린 군대를 모두 없애 버렸다.

"우리의 손발을 다 잘라 내려는 것이군."

여기저기서 수군거렸지만 너무 두려운 나머지 어느 누구도 감히 태종의 명령을 어기지 못하였다. 정도전을 제거할 때 큰 공을 세운 조영무가 불만을 가졌다는 소식을 듣자 태종은 불같이 화를 냈다.

"내가 가장 믿었던 자가 어찌 반기를 든단 말이냐. 당장 벼슬을 빼앗고 멀리 귀양을 보내도록 하라. 그의 군사는 모두 나라의 군대에 속하게 할 것이다!"

나라의 기강을 세우는 데 걸림돌이 되는 사람들은 절대로 용서하지 않았다.

하루는 대사헌 이원이 한성의 통행 금지를 어겼다. 밤 10시경부터 새벽 4시 무렵까지는 아주 위급한 일이 아니면 도성 안을 돌아다니거나 성문을 출입할 수 없도록 되어 있었다. 이 일로 결국 이원은 벼슬을 빼앗기고 말았다.

어느 날은 부유한 상인의 노비가 비단옷을 입고 말을 타고 거들먹거리며 거리에 나섰다. 그 노비는 주인의 권세를 믿고 제멋대로 행동하였다. 갑자기 포졸들이 고함을 치며 몰려왔다.

"게 멈추거라~ 저놈을 묶어 관아로 끌고 가라!"

포졸들은 노비를 말에서 끌어 내린 뒤 오랏줄로 꽁꽁 묶었다.

"제게 왜 이러십니까요?"

"이놈아, 몰라서 묻느냐? 백성들은 도성 안에서 말을 탈 수 없다는 주상 전하의 엄명이 있었던 것을 모르느냐? 더구나 노비 주제에 말을 타다니!"

아무리 돈이 많아도 신분이 낮은 사람은 비단옷을 입거나 말을 탈 수 없었다. 백성이 소나 말을 타고 외출했다가 발각되면, 곤장을 맞고 가축을 빼앗겼다.

호패
1413년 태종은 전국에 호패법을 실시하였다. 16세 이상의 모든 남자는 호패를 차야 했다.

기술자와 장사꾼, 노비의 옷 색깔도 법으로 정하여 멀리서 보아도 단번에 신분과 직업을 알 수 있었다. 게다가 새로 만든 법에 따라 남자들은 열여섯 살이 되면 호패를 허리춤에 차야 했다. 양반들은 상아나 비싼 고급 나무를, 일반 백성들은 흔히 구할 수 있는 나무를 손바닥 반만 한 크기로 길쭉하게 다듬어 이름과 직업, 사는 곳 등을 새겨 넣어 허리춤에 찼다. 도성문을 드나들 때나 멀리 여행할 때에는 호패를 지니고 다녀야 했는데, 만일 호패가 없으면 관아에 끌려가 모진 고초를 당했다.
　태종은 조선 8도 온 나라 안의 농토와 인구를 조사하도록 명령하였다. 세금을 제대로 걷어 나라 살림살이를 알뜰하게 하기 위해서였다.
　"백성들 가운데 군사가 될 수 있는 사람은 몇 명이나 되는지 조사하시오. 나라에서 벌이는 공사에 나와서 일할 수 있는 사람은 몇 명인지, 농사를 지을 수 있는 땅이 얼마나 되는지, 고을별로 조사하시오."
　북쪽으로는 함경도와 평안도, 남쪽으로는 경상도와 전라도까지 모든 고을의 수령들은 인구를 헤아리고 농토의 면적을 조사하여 보고서를 올렸다.
　호랑이처럼 무서운 왕 태종도 마음속으로는 백성들의 사랑과 존경을 받고 싶었다. 그런 태종에게 신하들이 건의하였다.
　"전하, 백성들은 억울한 일을 당하고도 힘이 없어 바로잡지를 못하고 있습니다. 궁궐에 북을 매달아 억울함을 직접 전하께 호소할 수 있도록 하면 만백성이 기뻐할 것이옵니다."
　"정말 좋은 생각이오. 곧바로 시행하시오."
　태종은 의금부에 커다란 북을 매달도록 하고, 그 이름을 '신문고'라고

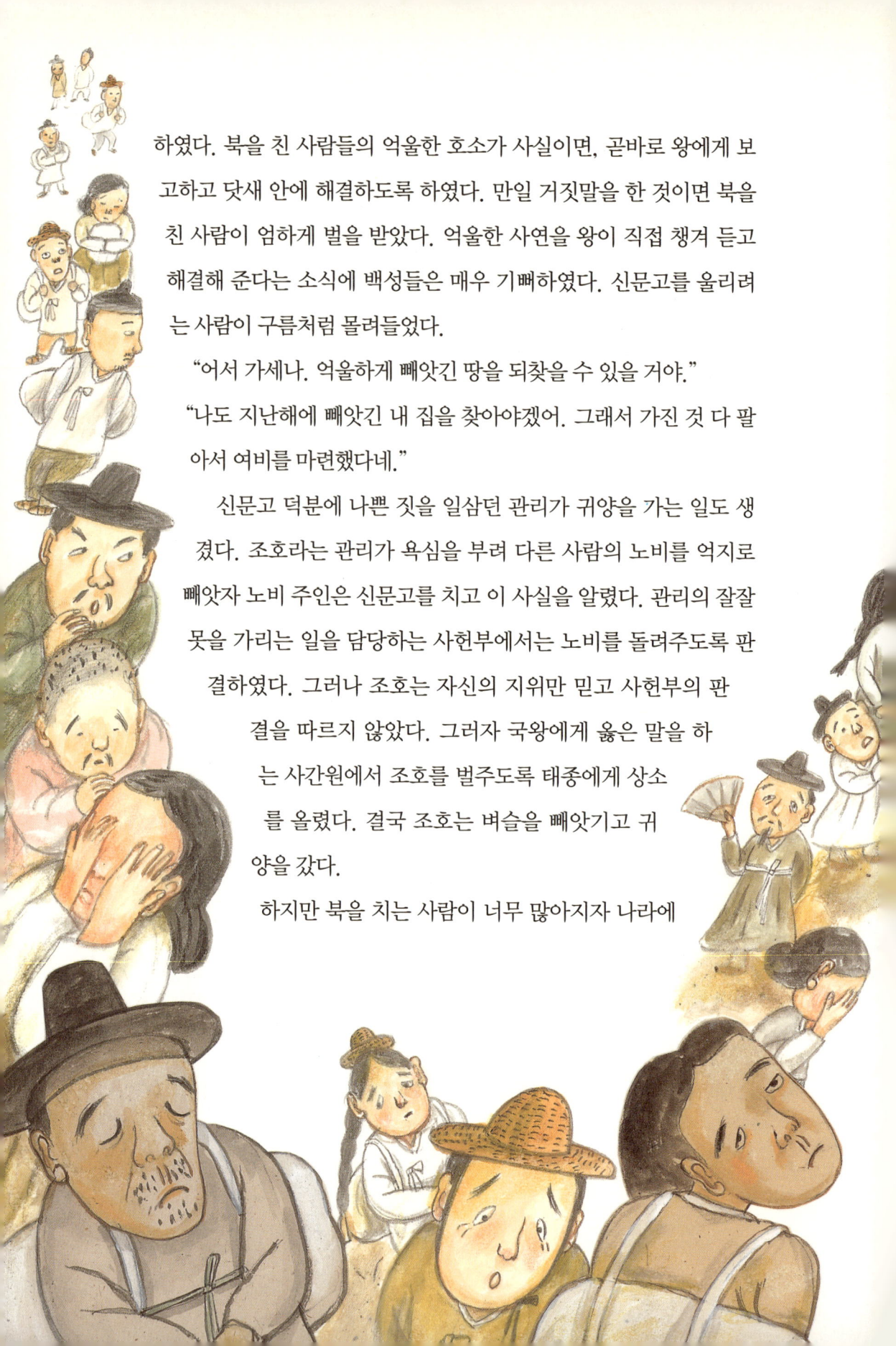

하였다. 북을 친 사람들의 억울한 호소가 사실이면, 곧바로 왕에게 보고하고 닷새 안에 해결하도록 하였다. 만일 거짓말을 한 것이면 북을 친 사람이 엄하게 벌을 받았다. 억울한 사연을 왕이 직접 챙겨 듣고 해결해 준다는 소식에 백성들은 매우 기뻐하였다. 신문고를 울리려는 사람이 구름처럼 몰려들었다.

"어서 가세나. 억울하게 빼앗긴 땅을 되찾을 수 있을 거야."
"나도 지난해에 빼앗긴 내 집을 찾아야겠어. 그래서 가진 것 다 팔아서 여비를 마련했다네."

신문고 덕분에 나쁜 짓을 일삼던 관리가 귀양을 가는 일도 생겼다. 조호라는 관리가 욕심을 부려 다른 사람의 노비를 억지로 빼앗자 노비 주인은 신문고를 치고 이 사실을 알렸다. 관리의 잘잘못을 가리는 일을 담당하는 사헌부에서는 노비를 돌려주도록 판결하였다. 그러나 조호는 자신의 지위만 믿고 사헌부의 판결을 따르지 않았다. 그러자 국왕에게 옳은 말을 하는 사간원에서 조호를 벌주도록 태종에게 상소를 올렸다. 결국 조호는 벼슬을 빼앗기고 귀양을 갔다.

하지만 북을 치는 사람이 너무 많아지자 나라에

서는 북 치는 절차를 점점 까다롭게 고쳤다.
　날이 갈수록 신문고에 가까이 가기란 하늘의 별따기처럼 어려워졌다. 천리 길을 걸어 한성에 도착한 백성들은 의금부 관리의 매서운 눈초리에 기가 꺾여 북채 한번 만지지 못하고 서러운 발걸음을 돌리기 일쑤였다.

세계 지도 속의 당당한 조선

"오! 과연 대단하오. 우리 조선의 모습이 이렇게 위풍당당하니!"

드디어 완성된 〈혼일강리역대국도지도〉를 펼쳐 본 태종이 매우 흡족해하며 말하였다.

2년 전, 태종은 좌의정 김사형 등에게 명하여 세계 지도를 만들도록 하였다. 그들은 중국과 일본의 지도 그리고 조선의 지도를 모아서 새로운 세계 지도를 만드는 데 온 힘을 기울였다. 이 지도에는 조선이 중국에 버금가는 훌륭한 국가라는 자부심이 배어 있었다.

벽 하나를 가릴 만큼 크게 그려진 세계 지도의 가운데에는 중국이 가장 크게 버티고 있었다. 그 오른쪽에는 중국 다음 가는 크기로 당당히 그려진 조선이 있었다. 중국의 왼쪽에는 인도와 서남아시아, 유럽과 아프리카가 작고 일그러진 모습으로 나타나 있었다. 일본은 아주 작은 모습으로 조선의 주변에 머물고 있었다.

기분이 좋아진 태종의 목소리가 쩌렁쩌렁 울렸다.

"명나라와 어깨를 나란히 하고 있는 우리 조선의 모습을 보니 참으로 뿌듯하구려!"

조선에서는 한 해가 마무리되는 동짓달에 명나라로 사신을 파견하였다. 명나라 황제가 바뀌거나 생일을 맞는 등 경사스러운 일이 있을 때는 귀한 선물을 준비하여 축하 사절을 보냈다. 조선의 왕이 바뀌거나 세자를 책봉하거나 왕비를 맞이할 때도 반드시 명나라에 알렸다. 태종도 왕이 된 다음 명나라 황제로부터 인정을 받는 절차를 거쳤다.

혼일강리역대국도지도
중국에서 만든 세계 지도 〈성교광피도〉와 〈혼일강리도〉를 들여와서 우리나라와 일본의 지도를 합하여 제작했다고 한다. 신대륙을 알기 이전에 만들어진 훌륭한 세계 지도의 하나로 평가 받고 있다.

 큰 나라로 섬김을 받았던 명나라는 조선의 나랏일에 사사건건 간섭하지 않았다. 조선의 사신이 황제에게 바치는 조공품을 가져오면 훨씬 값나가고 비싼 물품과 함께 답례의 사신을 파견하였다. 때때로 명나라는 수천 필의 말과 사냥에 쓰이는 매를 잡아 바치라는 무리한 요구도 하였지만 조선의 국왕들은 지혜롭게 대처해 나갔다.

세종, 어진 정치의 본을 세우다

충녕 대군, 세자가 되다

태종은 다섯째 아들이던 자신이 왕위를 이은 것이 늘 마음에 걸렸다. 그래서 어떻게든 맏아들 양녕 대군을 훌륭한 후계자로 세우고 싶었다. 그런데 양녕 대군은 태종에게 실망만 안겨 주었다. 훌륭한 왕이 되기 위한 공부에는 도통 뜻이 없고 몰래 궁을 빠져나가 새를 잡으러 다니거나 술을 마시며 놀러 다니기 일쑤였다. 급기야 기생을 궁궐로 몰래 불러들이기까지 하였다. 세자를 매질할 수는 없었기 때문에 동궁의 내시들이 대신 매를 맞기도 하였다.

드디어 화가 머리끝까지 오른 태종은 중대한 결단을 내렸다.

"이제 양녕은 더 이상 세자가 아니다! 다시는 도성에 들어오지 못하도록 멀리 내쫓아라."

쫓겨난 양녕 대군 대신 누구를 세자로 세울 것인지 결정해야 했다. 많은 신하가 충녕 대군을 추천하였다.

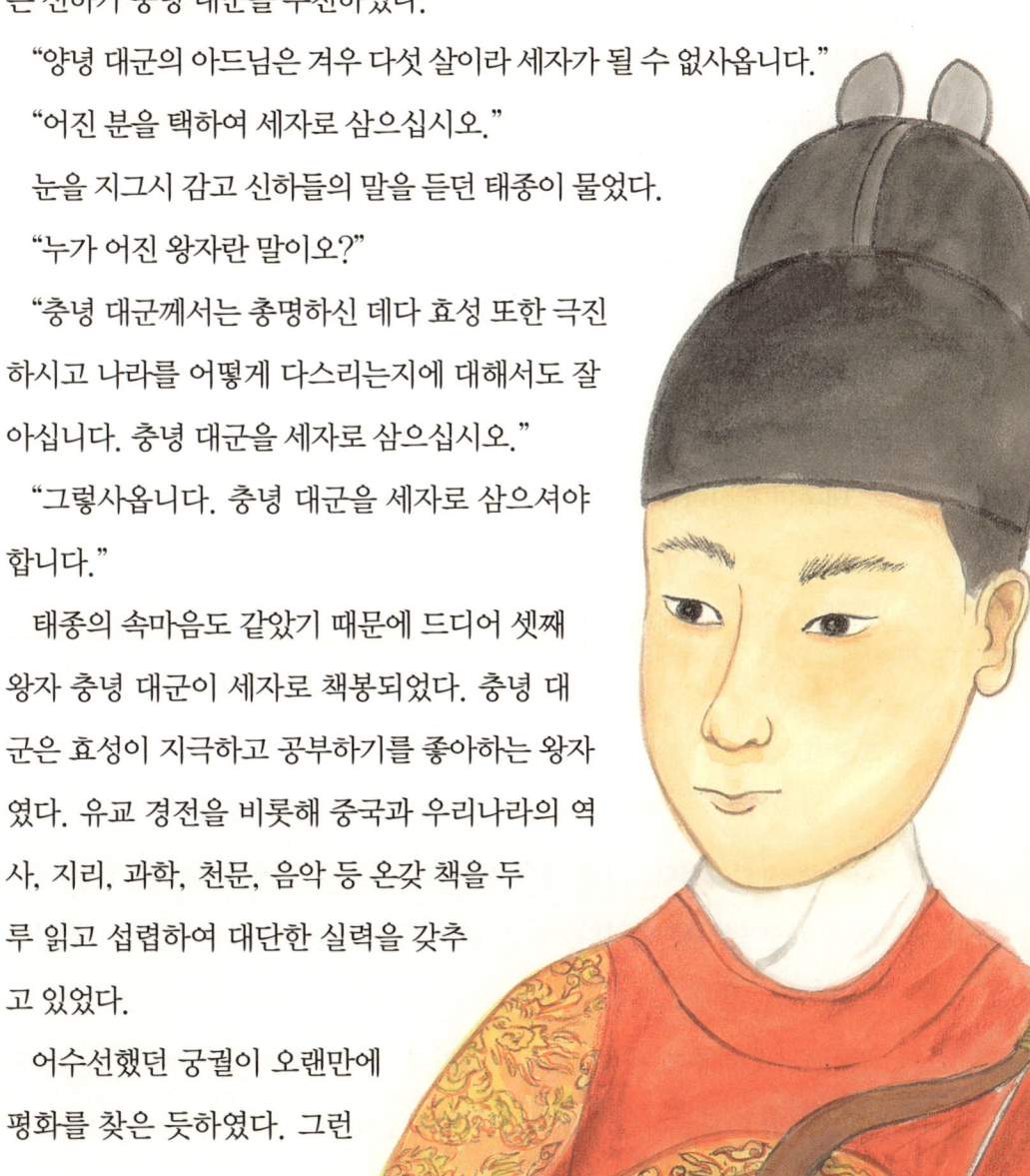

"양녕 대군의 아드님은 겨우 다섯 살이라 세자가 될 수 없사옵니다."

"어진 분을 택하여 세자로 삼으십시오."

눈을 지그시 감고 신하들의 말을 듣던 태종이 물었다.

"누가 어진 왕자란 말이오?"

"충녕 대군께서는 총명하신 데다 효성 또한 극진하시고 나라를 어떻게 다스리는지에 대해서도 잘 아십니다. 충녕 대군을 세자로 삼으십시오."

"그렇사옵니다. 충녕 대군을 세자로 삼으셔야 합니다."

태종의 속마음도 같았기 때문에 드디어 셋째 왕자 충녕 대군이 세자로 책봉되었다. 충녕 대군은 효성이 지극하고 공부하기를 좋아하는 왕자였다. 유교 경전을 비롯해 중국과 우리나라의 역사, 지리, 과학, 천문, 음악 등 온갖 책을 두루 읽고 섭렵하여 대단한 실력을 갖추고 있었다.

어수선했던 궁궐이 오랜만에 평화를 찾은 듯하였다. 그런데 두어 달 뒤, 태종이 갑자기 세자에게 왕위를 물려주겠다고 발표하였다.

"전하, 아니 되옵니다. 아직 세자 저하께서 이 나라의 임금님이 되실 때가 아니옵니다. 통촉하여 주시옵소서."

조정 대신들은 절대로 안 되는 일이라며 펄쩍 뛰었고 세자도 기절할 듯이 놀랐다. 충녕 대군은 곧장 달려와 아뢰었다.

"아바마마, 소자는 아직 나라를 이끌 그릇이 되지 못하옵니다. 또한 아버님께서 건강하신데 어찌 제가 옥좌에 오를 수 있겠습니까?"

아들을 지그시 바라보던 태종이 낮은 소리로 힘주어 말하였다.

"내게 깊은 뜻이 있어서 그런 결정을 내린 것이다. 군사 지휘권은 내가 그대로 가지고 있을 테니, 너는 조정을 이끌면서 나라 안의 일을 잘 챙기도록 하여라."

태종의 결심이 워낙 단호해서 누구도 더 이상 반대할 수 없었다.

'세자 충녕이 이제 갓 스무 살인데 내가 갑자기 죽기라도 하면 나라를 이끌어 가는 데 어려움이 따를 수도 있어. 내가 상왕이 되어 아들의 앞길을 더 단단하게 다져 주고 정치가 무엇인지 가르쳐 주어야지.'

태종의 깊은 뜻이란 바로 이것이었다.

젊은 왕 세종은 어질고 총명할 뿐 아니라 효성스러웠다. 그리고 누구보다도 부지런하였다. 매일 새벽 4시가 되면 잠자리에서 일어나 왕실 어른들께 문안 인사를 드렸다. 아침 일찍 신하들의 조회를 받고 점심 무렵이 되면 각 관청에서 올라온 보고서를 보면서 나랏일을 처리하였다. 아침, 점심, 저녁 하루에 세 번 열리는 경연에 나아가 학식이 높은 신하들과 함께 공부하고 토론하는 일도 게을리하지 않았다. 경연은 공부를 좋아하는 세종이 가장 기다리는 시간이었다. 학문이 뛰어난 세종 앞에서 발표를 맡은 신하들은 바짝 긴장하였다. 왕의 질문에 대답을 못하거나 준비가 부족하면 큰 망신을 당하기 십상이었다. 세종은 신하들이 모두 퇴근해도 밤이 이슥하도록 희미한 등잔불 아래에서 책을 보았다.

종묘에서 제례를 올리다

새로 보위에 오른 세종의 어가 행렬이 대궐을 나와 종묘로 향하였다. 높이 휘날리는 오색 깃발이 왕의 행차를 알리고, 수십 명의 군사가 일제히 불어 대는 나팔 모양의 악기 소리가 우렁차게 멀리 퍼져 나갔다. 문무백관들이 어가의 뒤를 따르고 호위 군사들은 행여나 왕에게 무슨 일이 일어날까 봐 눈을 부릅뜨고 행진하였다.

어가가 지나는 길 근처에 있던 도성 백성들은 모두 땅에 엎드려 고개를 조아리고 행렬이 지나갈 때까지 숨을 죽였다. 이윽고 어가 행렬이 멀리 사라졌다. 여전히 군사들의 기세에 눌려 떨고 있던 한 아이가 곁에 있던

종묘 제례
종묘는 역대 임금과 왕비의 신위를 모시고 제사 지내는 곳이다.
봄·여름·가을·겨울 4계절에 각각 좋은 날을 정하여 성대한 제사를 올렸다.
나라에 흉한 일이나 좋은 일이 생길 때도 제사를 올렸다.

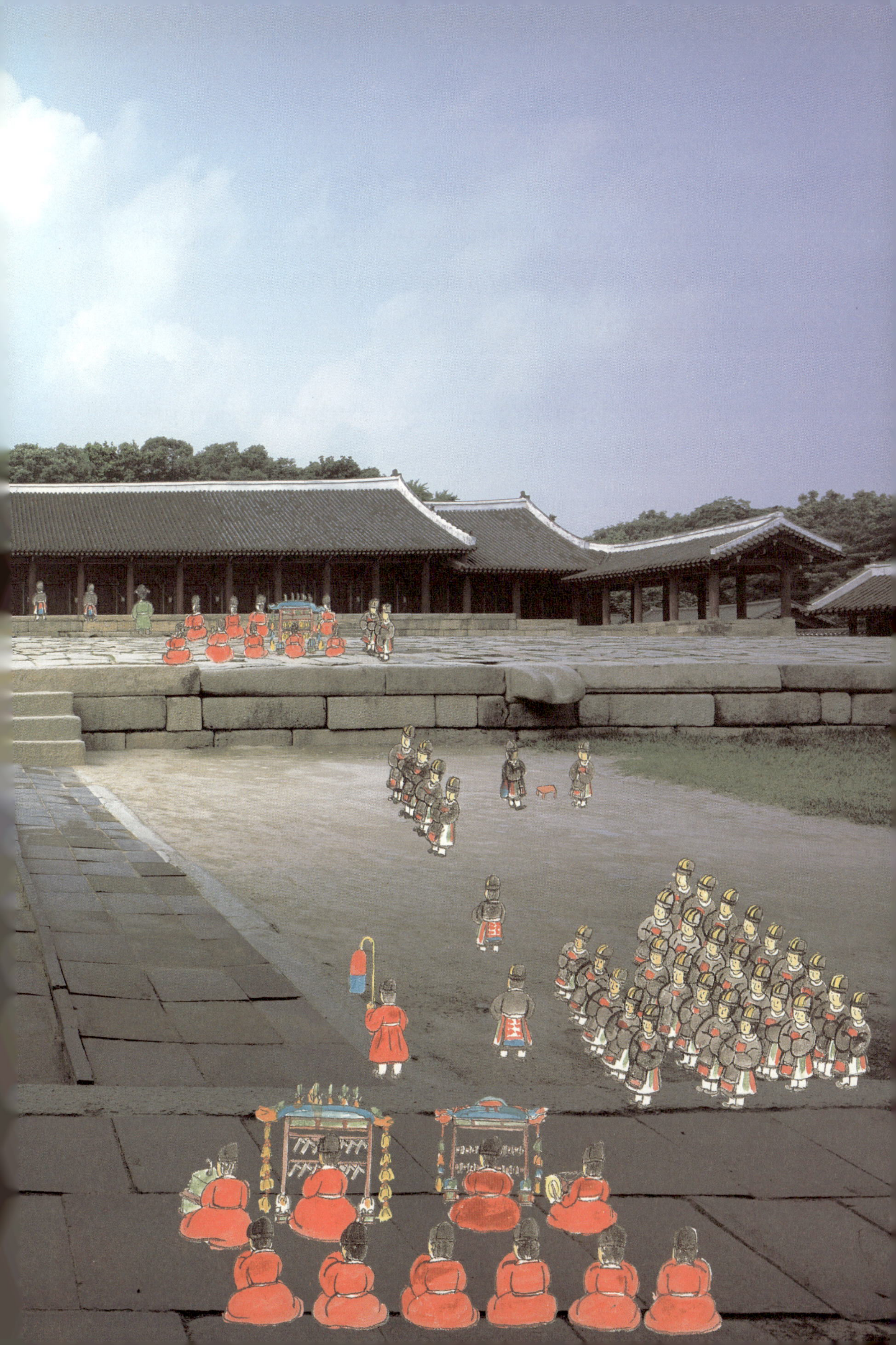

아버지에게 살짝 물었다.

"아버지, 새 임금님께서 어디 가시는 거예요?"

"종묘에 제례를 올리러 가신단다. 임금님이 되셨다고 왕실 조상님들께 고하러 가시는 거야. 종묘에서는 한 해에도 여러 번 제례가 열려."

아이가 눈을 동그랗게 떴다.

"제례가 뭐예요? 누구에게 올려요?"

"돌아가신 임금님과 왕비님들 그리고 왕실 조상님들께 절을 하고 문안을 드리는 것을 제례라고 하지. 나무, 대나무, 구리로 된 수십 개의 그릇에 곡식이랑 날고기, 익힌 고기, 향기로운 술 등 깨끗하고 정성이 담긴 음식을 담아 올리고 제사를 드리는 거야."

때마침 그 옆을 지나던 선비가 아이를 보고 웃었다.

"조선을 세우신 태조 대왕께서 종묘도 세우셨지. 종묘에는 혼을 모신 집도 있고, 혼이 다니시는 길도 있단다. 태조 대왕께서도 종묘에 계시지."

"혼이요? 아휴~ 무서워요."

"하하. 무서울 것 없단다. 왕실 조상님들께서는 백성들이 잘 살 수 있도록 보살펴 주신단다."

종묘에 도착한 세종이 연에서 내렸다. 여러 색깔 구슬 줄을 주렁주렁 늘어뜨린 면류관을 쓰고, 검은 비단에 산과 용·불·도끼·범·꿩 등 아홉 가지 무늬가 화려하게 수놓인 구장복을 입고 계셨다. 붉은빛 예복을 차려 입은 신하들이 종묘 안뜰에 줄지어 섰다.

드디어 제례가 시작되었다. 세종은 천천히 걸어서 종묘 안 정전으로 들어갔다. 그리고 유교 가르침에 따른 복잡한 의식을 하나하나 정성껏 지키며 제사를 올렸다. 향을 피워 조상신을 모셔 오고 정성을 담은 술잔을 올렸다.

세종은 마음속으로 빌었다.

'부족한 제가 조선의 왕이 되었습니다. 나라를 잘 이끌어갈 수 있도록 부디 도와주십시오.'

딩~동~댕~동~ 맑고 청아한 소리에 당피리와 대금의 선율이 어울렸다. 정성껏 올리는 제사에 왕실 조상과 하늘이 감동하여 오래오래 조선을 지켜 달라고 세종과 신하들은 기원하고 또 기원하였다.

훗날 세종은 종묘 제례에 쓰이는 음악을 더욱 아름답고 장엄하게 고쳐 만들도록 하였다. 시간이 더 흐른 뒤 세조 때부터는 종묘 제례에 춤도 곁들였다. 보라색 옷을 입은 36명의 남자들이 6명씩 6줄로 서서 음악에 맞추어 느릿느릿 춤을 추었다.

조선의 왕들은 해마다 사직단에서도 여러 차례 제사를 올렸다. 사직단은 땅의 신 '사'와 곡식의 신 '직'을 모신 곳이다. 왕들은 사직단에서 비가 내리지 않으면 기우제를 올렸고, 풍년을 비는 기곡제도 드렸다. 신라와 고구려, 고려에서도 사직단을 두고 제사를 지냈다. 백성은 땅과 곡식이 없으면 살아갈 수가 없으므로 국가의 운명이 사직에 달려 있는 것이나 다름없었다.

지방의 각 고을에도 사직단을 두었다. 해마다 정월이 되면 고을의 수령이 사직단에 나가 평안과 풍년을 빌었고 가뭄이 심하면 백성들이 기우제를 지내기도 하였다.

아버지 태종의 그늘에서

어느 날 상왕 태종을 몹시 노하게 하는 사건이 터졌다.

'이런 괘씸한 일을 보았나? 엄연히 군사권은 아직도 그대로 내가 쥐고 있거늘…….'

병조 참판 강상인이 군사에 대한 일을 세종에게만 보고하였던 것이다. 이 일로 병조 판서와 참판이 벼슬에서 쫓겨났다. 얼마 뒤 세종의 장인이자 영의정이던 심온이 명나라의 사신으로 가게 되었다. 조정 대신과 벼슬아치들이 구름처럼 몰려와 심온을 전송하였다.

'왕비 아버지의 권세가 하늘을 찌르면 왕권은 약해지게 마련이지. 심온을 그냥 두면 안 되겠구나. 착한 며느리를 생각하면 마음이 아프지만 어쩔 수 없지.'

태종은 심온이 돌아올 무렵 조용히 일을 꾸몄다. 심온과 몇몇 신하가 태종을 업신여기고 군사권을 손에 넣어 반역을 꾀하려고 했다는 것이다. 반역 혐의로 잡혀 온 사람들은 심한 고문을 이기지 못해 거짓으로 죄를 인정하고 말았다. 심온이 국경을 통과하면 바로 죄인으로 잡아들이라는 명령이 떨어졌다.

사신의 임무를 마치고 아무것도 모른 채 국경을 넘어온 심온은 의주 관아에 갇히는 신세가 되었다. 곧 사약이 당도하자 심온이 형조의 관리에게 따져 물었다.

"도대체 내가 무슨 죄를 지었는지 알고나 죽어야 할 것이 아니오?"

심온은 끝내 자신의 죄가 무엇인지도 모른 채 죽었다. 왕비의 어머니와 형제들은 모두 노비가 되었다.

이제 몇몇 대신들은 세종의 왕비까지 내쫓아야 한다며 목소리를 높였다. 졸지에 부모 형제를 잃고 궁궐 밖으로 내쳐질 위기에 놓인 소헌 왕후는 눈물을 흘리며 불안에 떨었다. 세종은 단호하게 신하들을 나무랐다.

"일개 백성도 아내를 함부로 버리지 않는데, 어찌 한 나라의 왕이 되어 그럴 수 있겠소. 왕은 만백성의 아비요 왕비는 어미인데, 아비가 죄 없는 어미를 버리면 자식 된 백성들이 어찌 나를 믿고 따르겠소?"

태종도 후덕하고 효성스러운 며느리를 굳이 내쫓고 싶지는 않았다. 소헌 왕후는 왕비의 자리를 지켰지만 노비가 된 어머니와 형제들 때문에 평생을 가슴 아프게 살아야 했다.

쓰시마를 정벌하라

세종이 왕위에 오른 이듬해, 왜선 39척이 충청도와 황해도 해안에 나타나 백성을 죽이고 노략질을 했다는 보고가 올라왔다. 태종은 이번에야말로 왜구들을 그냥 두어서는 안 되겠다고 마음을 굳게 먹었다.

"왜구의 만행을 없애기 위해 그들의 소굴인 쓰시마를 직접 쳐야겠는데, 경들의 생각은 어떠한가?"

많은 신하가 이구동성으로 반대하였다.

"상왕 전하, 쓰시마 근처는 파도가 높아 자칫 우리 수군이 큰 피해를 입을 수 있사옵니다."

"일본과 사이가 나빠져 전쟁이 날 수도 있습니다."

그러나 병조 판서 조말생의 생각은 달랐다.

조선

"이번에 왜구들을 확실히 눌러놓지 않으면 갈수록 노략질이 심해질 것입니다. 그렇게 되면 나라 안은 한시도 평안하지 못할 것이옵니다."

"병조 판서의 생각이 옳다. 왜구를 힘으로 꺾은 다음 그들의 청을 들어주고 달래는 것이 옳은 순서이다!"

태종은 이종무를 책임자로 삼아 출병을 준비하도록 명하였다. 이종무는 수많은 전쟁에 참여하여 용맹을 떨친 백전노장이었다.

드디어 조선의 전함들이 쓰시마를 향해 출발하였다. 서서히 가까워 오는 수백 척의 전함을 본 쓰시마 섬 사람들은 중국으로 떠났던 자기들의 배가 돌아오는 줄 알고 손을 들어 환영하다가 배에서 조선 군사들이 내리자 혼비백산이 되어 뿔뿔이 도망쳤다. 처음에 이종무는 항복할 것을 권하였다. 그러나 아무리 기다려도 항복할 기미를 보이지 않자 화가 머리끝까지 올랐다.

"적의 배를 모두 불태워 버려라! 그래도 항복하지 않으면 해안가의 집들까지 모두 불태워라!"

이종무는 부하 장수들을 시켜 섬 깊숙이 군사를 침투시키는 작전을 폈다. 그러나 복병에 속아 많은 군사를 잃었다. 이종무가 고민에 빠졌을 때 쓰시마 섬의 도주가 편지를 보내왔다.

"그 동안 조선 사람들에게 피해를 끼쳐서 죄송합니다. 다시는 그러지

쓰시마 섬

일본

않겠습니다. 곧 태풍이 올 것이니 속히 돌아가시는 편이 좋겠습니다."

태풍이 올 것이라는 말은 사실이었다. 이종무는 재빨리 함대를 이끌고 거제도로 돌아왔다. 그리고 중국으로 간 왜구를 칠 준비를 시작하였다. 이종무의 보고를 받은 조정 신하들은 전쟁을 중지해야 한다고 목소리를 높였다. 태종도 더 이상 고집을 부리지 않았다.

이종무는 한성으로 돌아왔다. 그런데 그를 기다린 것은

환영과 포상이 아니라 감옥이었다. 사헌부에서 이종무가 수십 명의 군사를 잃었으므로 패전과 다름없다면서 벌주어야 한다고 청하였던 것이다.

'차라리, 전쟁터에서 죽었다면 이런 치욕을 당하지 않았을 텐데…… 원통하기 그지없구나!'

쓰시마 정벌은 절반의 성공으로 끝났지만 왜구의 노략질이 거의 사라져 해안가 백성들이 두려움에서 벗어나 평화롭게 살 수 있게 되었다. 세종은 쓰시마 섬 사람들이 배를 타고 와서 정해진 곳에서 무역을 할 수 있도록 하였다. 해마다 수십 척의 배가 조선의 허락을 받고 들어왔다. 쓰시마 섬 사람들은 가져온 물건을 조선에 팔고, 자기들에게 부족한 쌀과 곡식 등을 사가지고 돌아갔다. 허락된 인원보다 많은 사람들이 조선에 들어오거나 약속된 것보다 많은 물건을 사고팔면 조선 조정에서는 관군을 파견하여 쫓아내기도 하였다.

훗날 세종은 일본에 통신사를 여러 차례 파견하였다. 수백 명의 통신사 일행이 여러 달 동안 일본에 머물며 알아오는 정보를 챙겨 두었다가 외교 관계를 잘 이끄는 데 활용하였다.

인재를 모아 황금 시대를 열다

세종은 왕이 되자 마자 집현전을 학문과 정책을 연구하는 곳으로 다시 세웠다. 왕이 제아무리 뛰어난 능력이 있어도 왕을 도울 수 있는 우수한 인재가 있어야 나라가 제대로 돌아가고 발전할 수 있다는 점을 잘 알고 있었기 때문이다. 집현전 총장인 대제학은 당대 최고 학자인 변계량이 맡았고, 제학은 세종의 왕자 시절 스승이던 이수가 맡았다.

"그대들은 관리들 중에서 뛰어난 사람을 뽑아 학문에 전념할 수 있도록 해 주시오."

집현전 학사들은 경연을 담당하고 세자에게 유학을 가르치는 일을 하였다. 외교 문서도 작성하고 옛날의 제도에서 조선에 필요한 것을 찾아내어 왕에게 보고하기도 하였다. 세종은 집현전 학사들을 아끼며 보살폈고 집현전 학사들은 세종이 훌륭한 정치를 펴는 데 든든한 버팀목이 되어 주었다.

하루는 밤늦도록 책을 보던 세종이 갑자기 집현전에 누가 남아서 공부하는지 궁금했다.

"집현전에 가서 숙직하는 학사가 무엇을 하고 있는지 살펴보거라."

집현전에 다녀온 내관은 한 젊은 학사가 책을 보고 있다고 아뢰었다. 흐뭇해진 세종은 촛불을 더 밝게 하고 책을 보았다. 한참 뒤 세종은 내관을 다시 보냈다. 젊은 학사는 여전히 책을 보고 있었다. 내관이 두 번을 더 다녀와서 학사가 잠이 들었다고 아뢸 무렵에는 거의 새벽녘이 되어 있었다.

"정말 기쁜 일이로구나. 집현전에 그토록 열심히 공부하는 학사가 있으니 조선의 앞날이 밝겠구나."

세종은 자신의 가죽 겉옷을 내관에게 주며 학사에게 덮어 주라고 한 뒤 잠자리에 들었다. 그 젊은 학사가 바로 훗날 세조와 성종 대까지 높은 벼슬을 지내며 훌륭한 외교 전문가로 활동한 신숙주이다. 날이 밝아 왕의 가죽옷을 발견한 신숙주와 집현전 학사들은 크게 놀라고 감동하였다.

"전하께서 이토록 아껴 주시는데 어찌 공부를 게을리할 수 있겠는가?"

 백성을 사랑한 세종은 조선에 부족한 법과 제도가 무엇인지, 또 어떻게 고칠 것인지 늘 고민하였다. 세금을 가장 공평하게 걷는 방법을 찾아 시행하려고 노력하였다. 세종은 어느 것 하나 무심히 지나치는 일이 없었다. 전쟁에 쓰이는 화살의 크기를 어느 정도로 하면 좋을 것인지에도 관심을 기울일 정도였다. 특히 중국과 우리나라의 역사책 속에서 나라를 다스리는 데 필요한 지혜를 구하기 위해 열심히 공부하였다. 지혜롭고 학식이 풍부한 집현전 학사들은 세종의 곁에서 제도와 법을 연구하였다. 정인지, 성삼문, 신숙주, 박팽년, 최항, 강희안 등이 세종이 아끼던 집현전 학사이다.

명재상 황희와 맹사성

위로는 왕을 섬기고 아래로는 만백성을 보살펴야 하는 자리, 높고 낮은 신하와 관리들을 이끌면서 나랏일을 챙기는 어려운 자리가 영의정, 좌의정, 우의정, 즉 재상의 자리였다. 세종 시대에는 황희와 맹사성이라는 훌륭한 재상이 있었다.

황희는 고려가 망하자 두 나라를 섬길 수 없다면서 깊은 산골 두문동에 숨어들었다. 그렇지만 여러 사람의 설득으로 마음을 바꾸어 관직에 나온 뒤로 많은 경험을 쌓아 노련한 정치가가 되었다. 양녕 대군의 세자 폐위에 끝까지 반대하다가 벼슬에서 쫓겨났지만, 얼마 후 태종은 세종에게 황희를 다시 불러 늘 곁에 두도록 일렀다. 황희는 세종, 세조, 문종까지 섬기며 30년간이나 정승 자리에 있었다.

한번은 가뭄 때문에 흉년이 심하게 든 강원도에 황희가 관찰사로 내려갔다. 백성들이 배고픔에 굶어 죽어 나가는데도 웬일인지 나라에서 곡식을 보내지 않았다. 깜짝 놀란 황희가 영문을 알아보니, 강원도의 수령들이 빌려 준 나라 곡식을 제대로 받지 못하였으면서도 벌을 받을까 봐 창고에 곡식이 가득 차 있다고 엉터리 보고서를 올린 탓이었다.

"수령이란 자가 벌 받을 것이 두려워 거짓말을 하고 백성들을 괴롭히다니 용서할 수가 없다."

화가 난 황희가 거짓 보고를 올린 수령들을 벌줄 것을 청하였다. 그러나 세종은 신중하게 생각한 뒤 황희에게 편지를 보냈다.

"한꺼번에 수령을 바꾸면 백성들이 더 힘들어질 수도 있으니, 만일 수령들이 몸을 아끼지 않고 백성들을 살려내는 데 최선을 다한다면 죄를 용서 받을 수 있도록 하시오."

세종의 편지를 받아 든 황희는 크게 감탄하였다.

'정말로 성군이시로구나. 이토록 생각이 깊으시다니…….'

맹사성도 세종을 잘 보필한 재상이다. 청렴결백하고 가난해서 늘 소를 타고 다니면서 피리를 불었다. 높은 벼슬을 하면서도 비 오는 날에는 지붕이 새어 삿갓을 쓰고 있어야 할 정도로 허름한 집에 살았다.

맹사성은 음악에 조예가 깊어 손수 악기를 만들기도 하였다. 이를 알아본 세종은 맹사성에게 궁중의 제례와 의식에 쓰이는 음악을 정비하는 중요한 직책을 맡겼다. 유교 국가 조선에서 음악은 매우 중요하였다. 아름답고 좋은 음악은 훌륭한 제사와 의식을 더욱 돋보이게 하고 사람들의 마음을 어질게 만드는 힘이 있었다. 맹사성은 음악 전문가 박연과 함께 궁중 음악인 아악과 조선 고유의 음악인 향악을 정리하였다.

맹사성은 황희와 손발이 잘 맞았다. 영의정 황희와 좌의정 맹사성은 세종이 가장 믿고 의지하는 신하였다. 두 사람은 힘을 합치고 서로 부족한 점을 채워 주면서 세종 시대를 훌륭하게 이끌어 나갔다.

북방을 지킨 최윤덕과 김종서

휘이익~ 차가운 겨울 칼바람이 불었다. 압록강이 내려다보이는 산꼭대기에 갑옷을 입은 건장한 체구의 사내가 칼을 짚고 서 있었다.

'어디 올 테면 오거라. 다시는 조선의 땅을 넘볼 수 없도록 이 최윤덕이

뜨거운 맛을 보여 주마.'

최윤덕은 이제 막 평안도 절제사로 부임한 참이었다. 평안도 절제사는 조선의 북서쪽 압록강을 지키는 국경 수비대의 총사령관이었다.

쓰시마 정벌로 남쪽은 조용해졌지만 북쪽 국경은 여전히 불안하였다. 야인이라 불리던 여진족 때문이다. 그들은 압록강과 두만강 너머에 살았는데, 조선과 중국에서 곡식과 여러 가지 물건을 구해야 살아갈 수 있었다. 제때 물품을 구하지 못하면 국경을 넘어 쳐들어와 사람들을 죽이고 재산과 곡식을 빼앗아가기 일쑤여서, 여진족은 조정의 골칫거리였다. 일찍이 태조 이성계는 여진족을 능숙하게 잘 다루어 영토를 두만강까지 넓혀 놓았다. 그러나 태종 때 끊임없는 침략에 시달리다가 다시 남쪽으로 국경을 옮기고 말았다.

나라 안이 어느 정도 안정되자 세종은 북쪽으로 눈길을 돌렸다.

'누구를 북쪽으로 보내야 할까? 누가 적임자일까?'

세종은 최윤덕을 선택하였다. 최윤덕이 평안도 절제사로 근무하던 6년 동안 사납기로 유명하였던 압록강 부근의 여진족들은 감히 조선 국경을 침범할 엄두도 내지 못했다. 잠시 자리를 비운 사이 여진족이 백성들을 약탈한다는 소식을 들은 최윤덕은 바람처럼 압록강으로 달려가 여진족을 내몰았다. 그리고 이천 등과 함께 중강진 지역에 4개의 군을 개척하였다. 최윤덕은 세종이 아무리 한성으로 불러올려도 듣지 않고 죽을 때까지 변방의 장수로 남았다.

세종은 두만강 근처의 여진족도 멀리 밀어내고 싶어 늘 살폈다. 드디어 좋은 기회가 왔다. 여진족 사이에 내분이 일어나 서로 싸우기 시작한 것이다. 세종은 김종서를 불러서 말하였다.

"이참에 두만강 유역을 찾아야겠소. 그대를 함길도 도절제사에 임명할 테니 우리의 옛 영토를 반드시 찾도록 하시오."

"예, 전하. 목숨을 걸고 명을 받들겠나이다."

호랑이 장군으로 불리던 우직한 김종서는 마흔이 넘은 나이에 젊은 사람들도 어렵다는 변방의 장수 역할을 훌륭히 해냈다. 여진족과 싸우는 일은 되도록 피했으나 한번 전쟁터에 나가면 절대로 지는 법이 없었다. 여진족 추장들이 부하들에게 김종서와 싸우지 말라고 당부할 정도였다. 두만강 유역이 서서히 안정되어 가자 김종서는 세종에게 편지를 썼다.

"전하, 이 땅을 우리 영토로 만들려면 백성들이 옮겨와 살도록 하는 것이 좋겠습니다……."

김종서가 변방으로 간 뒤로 15년이 지났을 때 두만강 부근에는 6개의 마을이 모습을 갖추었다. 6진이라 불린 종성, 회령, 경원, 경흥, 온성, 부령은 여진족을 두만강 북쪽 저편으로 몰아내고 세운 조선 고을이었다.

이제 나이 쉰을 훌쩍 넘긴 김종서는 높은 산에 올라 나지막하게 읊조렸다. 흰 수염이 바람을 타고 나부꼈다.

삭풍은 나무 끝에 불고 명월은 눈 속에 찬데
만리 변경에 일장검 짚고 서서
긴 파람 큰 한소리에 거칠 것이 없어라.

온성
경원
종성 경흥
회령
6진
부령

여연
자성 우예
4군 무창

조선

이리하여 조선의 북쪽 국경은 압록강과 두만강을 연결하기에 이르렀다. 침략해 오는 여진족은 무력으로 토벌하였지만, 조선 땅에서 살기를 희망하는 자는 받아들여서 농토와 살 집을 주고 조선 사람이 되도록 하였다. 여진족의 추장을 조선 조정의 신하로 삼기도 하였다. 조선은 일본과 여진을 조선이 돌보고 관대하게 사귀어야 할 나라로 여겼다. 그래서 때로는 억센 힘으로, 때로는 부드러운 협상으로 외교 관계를 풀어 나갔다.

정초와 장영실, 자격루를 만들다

멀리서 미시(오후 3~5시)를 알리는 북소리가 들렸다. 편전 뒤뜰을 거닐던 세종이 내관을 시켜 공조 참의 정초를 불러오게 하였다. 공조는 기술자, 건축, 공예, 금속에 대한 일을 맡아보는 부서였다. 세종은 세자 시절 정초에게 학문을 배우면서 유학뿐 아니라 여러 학문을 깊이 공부한 그를 매우 좋아하였다. 정초는 어떤 책이든 한번 보면 다 외워 버리는 수재로도 이름이 높았다.

  세종이 정초에게 물었다.
  "경은 지금 우리에게 가장 필요한 기계가 무엇이라고 생각하시오?"
  정초가 잔잔한 미소를 띠며 대답하였다.
  "시계가 꼭 필요합니다. 제대로 된 시계가 없어서 관리들이 일을 하는 데 어려움이 많습니다. 어제도 물시계를 지키던 관리가 깜빡 졸아서 종 칠 시간을 두어 식경이나 놓쳤다고 들었습니다."
  "나는 그대가 자동 물시계를 제작해 보는 것이 어떨까 하오. 물시계는 매우 정확하다고 들었소."

자동 물시계 제작은 최첨단 과학 지식과 기술이 필요한 어려운 작업이었다. 정초가 망설임 없이 대답하였다.

"예, 전하. 만들어 보겠습니다. 그런데 자동 물시계를 만들려면 손기술이 뛰어난 기술자가 있어야 합니다. 전국에 수소문하여 그런 기술자를 뽑을 수 있도록 해 주십시오."

세종은 정초의 말을 듣고 장영실을 떠올렸다. 장영실은 원래 동래의 관노비였는데, 손기술이 워낙 뛰어나다는 소문을 들은 태종의 부름을 받고 한성에서 장신구나 생활용품을 만드는 일을 하고 있었다.

정초는 장영실을 만났다.

"시계의 원리를 알려 주고 설계도를 그려 주면 만들 수 있겠느냐?"

"소인이 아는 것은 별로 없지만 손으로 만드는 것은 뭐든 할 수 있습니다."

세종은 정초의 부탁으로 중국으로 가는 사신 행렬에 장영실을 딸려 보냈다. 장영실은 그 덕분에 물시계를 직접 보고 공부할 수 있는 좋은 기회를 얻었다. 장영실은 천문학에 밝은 사람을 만나 이야기도 나누고, 필요한 책을 구하기도 했지만 중국의 유명한 천문학자 곽수경이 만들었다는 간의를 볼 수가 없었다. 간의는 밤하늘의 여러 현상과 별들의 움직임을 관측하는 정교한 기구였다.

'간의를 꼭 보고 가야 할 텐데…….'

중국 관리가 허락을 하지 않자 장영실은 간곡히 사정하였다.

"딱 한 번만 보여 주시오. 조선에서 여기까지 왔는데 중국 제일의 보물

인간의를 보고 가야 돌아가서 으스대며 자랑할 수 있지 않겠습니까? 우리는 재주가 부족하여 간의를 봐도 뭐가 뭔지 잘 모릅니다. 꼭 한 번만 보게 해 주시오."

장영실의 끈기와 고집에 마침내 중국 관리도 두 손을 들고 말았다. 장영실은 간의를 세세하게 관찰하고 머릿속에 그려 넣었다.

장영실은 중국에서 해시계도 공부하고 돌아왔다. 여러 번의 시행착오와 실패를 거듭한 끝에 두 사람은 5년 만에 자동 물시계인 '자격루' 제작에 성공하였다. 하루 종일 사람이 지킬 필요 없이 스스로 움직이고 때가 되면 여러 인형들이 소리를 내어 시간을 알려 주는 자동 물시계였다.

세종은 크게 기뻐하였지만 그것으로 만족하지 않고 해시계, 별시계 등 더욱 정교하고 정확한 시계

자격루
시각을 알려 주는 자동 물시계이다.
사진은 중종 때 새로 만든 자격루인데,
원래 모습은 아니고 일부만 남아 있다.

와 하늘을 관측할 수 있는 도구를 만들도록 했다. 그리고 서운감에서 천체의 움직임을 살피고 일식이나 월식, 중요한 별들의 움직임을 예측할 수 있도록 했다. 물론 손재주 좋은 기술자이자 뛰어난 과학자인 장영실이 큰 역할을 했다.

장영실은 책을 빠르게 인쇄할 수 있는 기술을 개발하고 아름다운 활자인 '갑인자'를 만들어 내는가 하면, 측우기를 만드는 일에도 참여하였다.

장영실은 과학 발전에 크게 기여한 공로로 천민 출신으로는 꿈도 꾸기 어려운 정3품이라는 높은 지위에까지 올랐다. 그런데 그가 감독하여 만든 가마가 세종을 태우고 가다가 부서지는 큰 사고가 났다. 그 무렵 세종은 세자에게 대신 나랏일을 맡길 만큼 건강이 아주 악화되어 있었다. 제아무리 임금의 총애를 받는 장영실이라 해도 죄를 피하기 어려웠다. 장영실은 30년 동안의 찬란한 공을 뒤로하고 하루아침에 불경죄를 저지른 죄인이 되어 곤장 80대를 맞고 멀리 내쳐지고 말았다.

앙부일구
하늘을 올려다보는 솥 모양의 해시계이다.
그림자의 위치와 길이에 따라 시간과 절기를
모두 알 수 있도록 하였다.

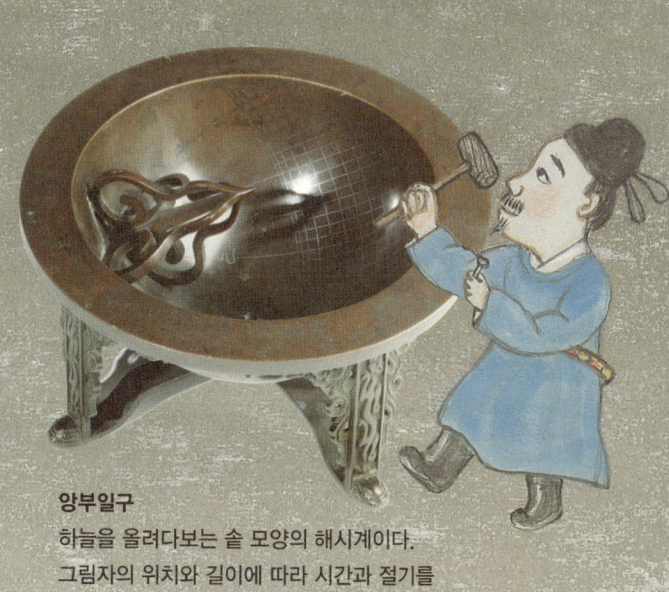

백성을 자식처럼 사랑한 세종

세종은 백성을 자식처럼 사랑하고, 그들이 바르게 살 수 있도록 이끌려고 애썼다. 신하들의 심한 반대에 부딪히면서도 죄지은 백성을 용서하여 풀어주고 착하게 살 수 있는 기회를 주었다. 가뭄이나 홍수로 흉년이 들면 고기반찬을 멀리하는 등 백성들의 고통을 함께 하려고 노력했다. 대궐 밖으로 행차할 때에도 수레를 끄는 말이 백성의 곡식이나 재산에 손해를 입히지 않도록 조심했고 손해를 입히면 꼭 그 이상으로 갚아 주도록 했다. 해마다 곳곳에서 여든 살이 넘은 노인을 위한 양로 잔치를 열도록 하여 나라가 앞장서 어른 공경의 모범을 보였다.

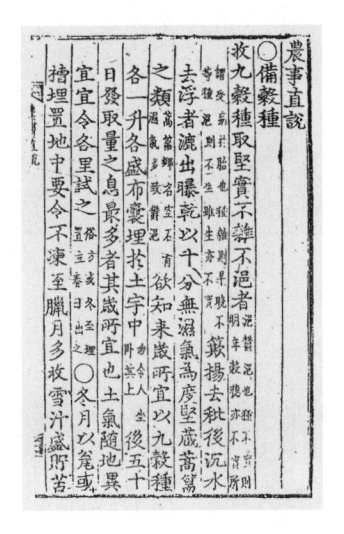

농사직설
우리 풍토에 맞게 쓴 최초의 우리 농서이다. 전국의 경험 많은 농부들의 증언을 토대로 정초 등이 정리하여 편찬하였다.

그러나 고을을 다스리는 수령에게는 아주 엄격하였다. 만일 수령이 일을 게을리하여 백성들이 제때 씨앗을 뿌리지 못해 농사를 망치거나 가난한 백성에게 곡식을 나누어 주는 일을 하지 않아 굶어 죽는 백성이 생기면 무거운 벌로 다스렸다. 한 명의 백성이라도 굶어 죽으면 관찰사와 수령을 모두 처벌하겠다는 왕명도 자주 내렸다.

무엇보다도 농업을 발전시켜 백성들이 배불리 먹고 편안하게 살도록 하려고 애썼다. 정초를 시켜 〈농사직설〉을 편찬한 것도 그 때문이다. 세종은 〈농사직설〉을 전국의 수령

들에게 보냈을 뿐 아니라 한성부에 사는 높은 관리들도 반드시 읽도록 하였다.

"모름지기 벼슬하는 사람들이 나라의 근본인 농업에 대해 몰라서야 되겠는가?"

어느 날 어전 회의에서 세종은 신하들이 깜짝 놀랄 만한 명을 내렸다.

"모든 법전을 이두로 번역하여 백성들이 읽을 수 있도록 하시오!"

이두는 통일 신라 시대에 설총이 한자의 음을 빌려 만든 글자로 한자보다는 훨씬 배우기 쉬웠다.

이조 판서 허조가 당장 반대를 하고 나섰다.

"전하, 백성들이 법을 알게 되면, 간악하게 법을 피하여 더 많은 죄를 지을 것입니다."

세종이 조금 언성을 높였다.

"그렇다면 백성들이 자기가 잘못을 저지르는 줄도 모른 채 죄를 짓고 감옥에 갇히는 일에 대해서는 어떻게 생각하시오?"

"그, 그것은……."

허조가 우물쭈물하자 왕이 근엄하게 말하였다.

"만일 백성이 간악하다면 그것은 모두 나와 경들의 잘못이오."

결국 법전을 이두로 번역하였지만, 대부분의 백성은 이두조차 쓰지 못했을 뿐더러 여전히 법을 알지 못하였다.

"으음, 안 되겠다. 백성들도 쉽게 읽을 수 있는 문자를 내가 직접 만들어야겠다."

오래전부터 세종은 누구나 쉽게 배울 수 있는 문자가 필요하다고 생각해 왔다. 한자는 수만 글자가 넘어, 10년 이상을 공부해야만 겨우 읽고 쓸 수 있었다. 그렇다 보니 이른 아침부터 늦은 저녁때까지 농사짓고 일해야 하는 백성들은 글자를 제대로 배울 수가 없었다. 책은 물론이고, 나라에서 새로운 법을 만들어 알리고자 고을마다 큼직한 벽보를 붙여도 무슨 뜻인지 모르는 백성이 허다했다.

드디어 세종은 세자에게 나랏일을 맡기고 새로운 문자를 만들기 위한 연구에 몰두하였다. 우리말의 소리를 그대로 적을 수 있는 문자라면 백성들도 쉽게 배울 수 있다고 생각한 것이다. 중국과 일본, 몽고, 여진 등 여러 나라에서 언어에 관한 책을 구해 와 열심히 공부했다.

7년이 지난 1443년 12월, 드디어 새로운 문자가 완성되었다. 세종은 너무나 기뻐 눈물을 글썽였다.

金
水
火
木
土

'드디어 만들어 냈구나. 이제 집현전 학사들에게 보이고 부족한 부분을 찾도록 해야겠다.'

세종은 뿌듯한 마음으로 새로 만든 문자를 집현전 학사들에게 보여 주었다. 그런데 세종의 기대와 달리 많은 집현전 학사가 새로운 문자 반포에 반대를 하고 나섰다.

집현전 부제학 최만리와 젊은 학사들이 편전 앞뜰에 꿇어 엎드렸다.

"전하, 이미 한자를 사용하고 있사온데 굳이 또 다른 문자를 만들 필요는 없을 듯하옵니다."

"문자가 있기는 하지만, 중국의 것을 빌려 쓰는 것이고 우리 발음과 달라 백성들이 사용할 수가 없지 않소."

최만리도 물러서지 않았다.

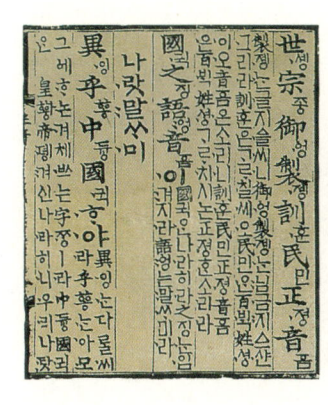

훈민정음 해례본
훈민정음 해설서. 훈민정음은 우리말의 모든 소리를 적을 수 있는 과학적인 문자이다.

"이미 수천 년 동안이나 써 온 문자를 버리고, 이상스러운 문자를 새로 만들어 사용하는 나라는 몽고나 거란, 일본 같은 오랑캐뿐이옵니다. 조선을 오랑캐의 나라로 만들 수는 없사옵니다."

세종은 화가 머리끝까지 치밀었다.

"그럼, 백성들은 영영 글을 모른 채 살아가야 한단 말이오?"

"그래도 전하께서 만든 문자는 이상하고 천박합니다."

"그것은 경이 잘 모르고 하는 소리오. 글자는 간단하고 쉬워야 하오."

"천한 백성들이 글자를 알게 되면 선량함을 잃고 오만해져 선비를 함부로 알아 다스리는 데 어려움이 따를 것이옵니다."

세종은 자신의 마음을 알아주지 않는 신하들에게 많이 섭섭했다.

훈민정음을 반포하다

최만리를 비롯한 집현전 학사들의 계속된 반대에도 불구하고 세종은 정인지와 신숙주 등의 도움을 받아 1446년 9월, 훈민정음을 세상에 반포

하였다. 우리말을 소리 나는 대로 옮길 수 있는 닿소리와 홀소리, 모두 28자였다.

정인지와 권제, 안지는 훈민정음으로 〈용비어천가〉를 지어 올렸다. 조선 왕조의 창업을 찬양하고 왕실 조상들의 덕을 기리는 내용이었다.

우리나라에 여섯 용(임금)이 오시어 하시는 일마다
하늘이 복을 내리셨습니다.
뿌리 깊은 나무는 바람에 흔들리지 않으니 꽃이 좋고 열매가 많습니다.
샘이 깊은 물은 가뭄에 마르지 않으니 내를 이루어 바다로 흘러갑니다.

〈용비어천가〉는 세종의 마음에 꼭 들었다. 훈민정음이 제대로 쓰일 수 있다는 사실도 확인하였고, 조선 건국을 하늘의 뜻이라 한 것도, 뿌리 깊은 나무, 샘이 깊은 물이라고 표현한 것도 아주 마음에 들었다.

세종은 백성들에게 유교의 가르침을 펴는 데도 열심이었다. 진주에 사는 어떤 사람이 아버지를 살해한 일을 보고 받은 세종은 백성들에게 효행이 얼마나 중요한지 가르쳐주고 싶었다. 그래서 집현전 학사들에게 명하여 〈삼강행실도〉를 펴내도록 하였다.

"임금과 신하 사이, 부모와 자식 사이, 남편과 아내 사이에 마땅히 지켜야 할 옳은 행실을 알려 준다면 조선은 훌륭한 아내, 효성스러운 아들이 많은 아름다운 나라가 될 수 있을 것이오."

집현전 학사들이 우리나라와 중국의 충신과 효자, 열녀 이야기를 모으고, 안견 같은 뛰어난 화가들이 이야기 내용을 아주 자세한 그림으로 그렸

삼강행실도
1431년에 집현전 부제학 설순 등이 왕명에 따라 편찬한 책이다.
조선과 중국의 책에서 충신·효자·열녀를 각각 35명씩을 뽑아
그 행적을 그림과 글로 칭송하였다.

다. 여기에 한자로 설명글과 짤막한 시를 덧붙였다. 〈삼강행실도〉는 훈민정음을 만들기 10년 전쯤에 처음 출간되었고, 훗날 백성들이 쉽게 읽을 수 있도록 훈민정음 해설이 덧붙여졌다.

　세종은 어느 날 둘째 아들 수양 대군을 불렀다.

"수양아."

"예, 아바마마."

"네가 부처님의 말씀을 훈민정음으로 적은 책을 하나 만들어 주어야겠구나."

"예?"

"먼저 세상을 떠난 네 어머니의 넋을 기리고 극락 왕생을 빌어 주고 싶구나."

"하지만 아바마마, 불교라면 치를 떠는 조정 신하들의 반대가 심할 텐데요."

"나랏법으로야 불교를 멀리한다지만, 천년이나 넘게 이어 온 부처님에 대한 믿음까지 어떻게 할 수 있겠느냐."

수양 대군은 아버지의 뜻을 받들어 부처님의 일생과 가르침을 훈민정음으로 지었다. 그렇게 해서 탄생한 책이 〈석보상절〉이다.

세종은 훈민정음을 백성들에게 널리 알리고 싶었지만 대부분의 벼슬아치나 양반들의 생각은 달랐다. 미천한 백성들은 애초부터 타고난 품성이 달라서 글을 배워도 아무 소용이 없다고 여겼다.

세종이 세상을 떠난 뒤에 훈민정음은 '언문'이라 불리며 푸대접을 받았다. 언문이란 낮은 글자라는 뜻이었다. 왕실의 여자들이 편지를 주고받거나 낮은 관리들이 문서를 작성할 때 조금 쓰는 정도였다. 높은 벼슬을 하거나 힘 있는 자리에 오르려면 여전히 수만 글자의 한자를 배우고, 한자로 된 책을 공부해야만 했다.

훗날, 백성을 괴롭힌 왕과 관리를 흉보는 훈민정음 벽보가 여기저기 나붙자 아예 사용하지 못하도록 금지하기도 했다. 하지만 훈민정음은 그에 담긴 세종의 의지만큼이나 끈질긴 생명력을 지니고 있었다. 조금씩 읽고 쓰는 사람들이 늘어나 창제 후 300년이 지났을 무렵에는 훈민정음으로 쓰인 소설이 백성들 사이에서 읽히게 되었다.

훈민정음, 조선 사람들의 삶 속으로 들어가다

훈민정음은 시간이 지날수록 사람들의 삶 속에 깊이 뿌리내렸다. 머릿속에 떠오르는 말을 그대로 적을 수 있었던 훈민정음으로 사람들은 자신들의 생각을 마음껏 표현하고 함께 나눌 수 있었다. 암클, 언문, 정음, 국문 등 여러 이름으로 불리다가 1920년경부터 '크다'라는 뜻의 '한'을 붙여 '한글'이라고 불렸다.

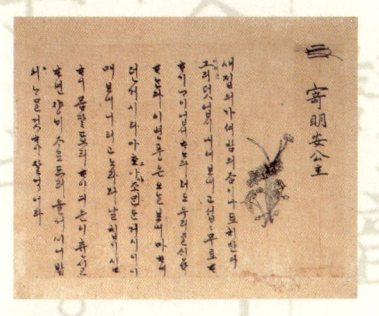

사씨남정기
조선 후기 숙종 때 서포 김만중이 쓴 한글 소설이다. 인현 왕후를 쫓아낸 숙종의 잘못을 빗대어 쓴 소설로 많은 사람에게 사랑을 받았다.

현종의 편지
시집간 셋째 딸 명안 공주에게 현종이 보낸 한글 편지이다. 아버지의 따스한 정이 묻어난다.

한글이 새겨진 백자 제기
한글은 조선 후기에 납품되었던 백자나 유기에도 쓰였다.

홍길동전
광해군 때 허균이 지은 최초의 한글 소설이다. 조선 사회의 잘못된 점을 꼬집어 비판한 내용으로 조선 후기에는 대량 인쇄를 위한 '방각본'으로 만들어졌다.

용비어천가
조선 왕조의 창업을 기려 찬양한 서사시로, 최초로 만들어진 한글 책이다.

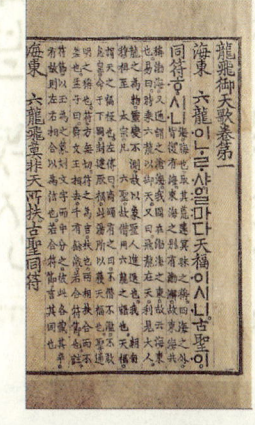

◈ 문화재를 찾아서 ◈

문 하나에도 유교의 가르침을 담아

　우리나라 국보 1호 숭례문은 조선 시대 한성부 도성을 둘러싸고 있던 성곽의 정문으로 남쪽에 있다고 해서 남대문이라고도 불려왔다. 우리가 가장 친근하게 여기는 대표적인 문화재 숭례문은 지금 보수 공사 중이다. 2008년 2월 10일, 우리 모두의 부주의 때문에 큰불이 나서 나무로 된 전각 부분이 모두 불타 버렸기 때문이다. 조선의 도읍 한성이 건설될 때 만들어진 뒤로 600년의 세월이 흐르는 동안 단 한 번도 완전히 망가진 적이 없었는데, 정말 안타까운 일이 아닐 수 없다.

　한성은 지금의 서울보다 훨씬 작았다. 높은 성벽을 사방을 둘러싸며 쌓았고, 동서남북 네 곳에 4개의 큰 문을 내고, 그 사이사이에 작은 문을 냈다. 조선 시대의 한성은 성벽의 안쪽을 뜻하였다.

　4개의 대문 가운데에서도 정문이었던 남대문이 가장 크고 중요하였다. 백성들이 가장 많이 드나들었을 뿐만 아니라 중국과 일본에서 온 사신 일행도 이 문으로 갔다. 숭례문이 서 있는 곳에서 동쪽으로 가면 흥인문이라 불린 동대문을 만날 수 있다. 또 서쪽으로 가면 돈의문, 즉 서대문이 있던 터가 있다.

흥인문
우리나라의 보물 1호로 동쪽 성곽에 만든 문이다. 유일하게 옹성을 갖춘 모습을 하고 있다. 외적이 쳐들어왔을 때 성문을 지키기 위해 만들었다고 한다.

숭례문
화재로 소실되기 이전의 숭례문 사진이다.
지금까지 남아 있는 성문 가운데 규모가 가장 크다.

    4개의 문에 붙여진 이름에는 유교의 정신이 담겨 있다. 숭례문은 조선이 예의를 숭상하는 나라가 되어야 한다는 뜻이다. 동대문은 흥인문 또는 흥인지문이라고 하였는데 어진 기운, 어진 마음이 백성들에게 일어나기를 바라는 마음을 담았다. 돈의문은 의로움을 두텁게 한다는 뜻이고 북쪽의 숙정문은 밝고 지혜롭다는 뜻이었는데 지금은 남아 있지 않다. 숭례문, 흥인문, 돈의문, 숙정문에는 한성 사람, 조선 백성 모두가 평화롭고 아름다운 나라에서 살기를 바라는 마음이 담겨 있었다.

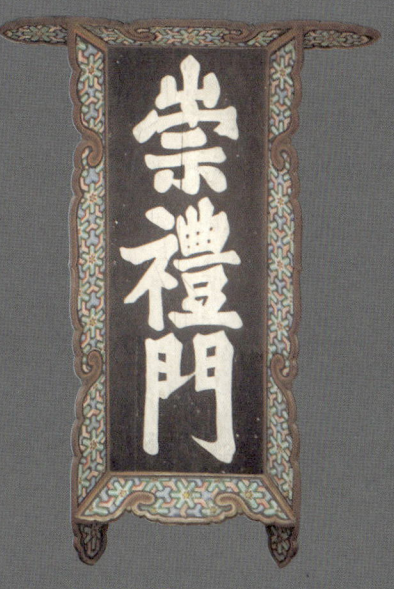

숭례문 현판
태종의 아들이자, 세종의 형인 양녕 대군의 글씨라고 전해지지만 다른 의견들도 적지 않다.

유교 국가의 틀을 갖추다 2

1453년 수양 대군, 김종서 등을 죽이고 정권을 장악하다.
1456년 사육신이 처형되다.
1458년 진관제를 실시하다.
1460년 〈경국대전〉 중 '호전'이 완성되다.
1467년 이시애가 반란을 일으키다.
1470년 불교식 화장 풍속을 없애다.
1478년 서거정이 〈동문선〉을 편찬하다.
1482년 성종, 폐비 윤씨에게 사약을 내리다.
1485년 〈경국대전〉을 완성하다.

韓國大界

천하를 호령하였던 왕도 죽은 뒤에라야

비로소 세상 사람들이 자신을 부를 이름을 가질 수 있었다네.

왕이 세상을 떠나면 신하들이 왕의 성품과 업적을 생각하면서

아름다운 뜻이 담긴 이름을 지어 올렸다네.

새로운 나라를 열어 백성을 평안케 하였기에 올린 이름, 태조.

나라의 기틀을 단단히 다져

태평성대를 준비하였기에 올린 이름, 태종.

백성을 사랑하고 학문을 사랑한 덕이 그지없이 높아 올린 이름, 세종.

인품이 맑고 지혜로워서 올린 이름, 예종.

새 나라의 제도와 틀을 완성한 덕이 높아 올린 이름, 성종.

옛날부터 덕이 뛰어났던 왕에게는 '종'의 칭호를 올리고,

위험에 빠진 나라를 지켜 내거나 약해진 나라를

다시 일으켜 세운 왕에게는 '조'의 칭호를 올렸다네.

이름은 그저 불리기만 하는 것이 아니라네.

우리의 이름에는 장차 훌륭한 일을 하면 좋겠다는

소망이 담겨 있고,
옛날 왕들의 이름에는 살아서 어떤 일을 하였는지에 대한
생각이 담겨 있다네.

영문 예무 인성 명효 세종(英文睿武仁聖明孝世宗)
세종 대왕의 원래 이름은 이렇게 길었다네.
'학문에 뛰어나시고, 무예에 출중하시며, 성인처럼 어지시고,
효행을 밝게 행하신 국왕'이란 뜻이었다네.

용상의
주인이 바뀌다

피어나지 못한 문종의 꿈

"자네, 이야기 들었는가? 이제 세자 저하께서 나랏일을 맡아 하신다는군."
"전하께서 세 분 정승을 불러 말씀하셨다네. 건강이 많이 안 좋아지셔서……."
"훈민정음을 만드시면서 소갈증(당뇨병)도 더 심해지시고, 안질(눈병)에 걸리신 데다 온 몸에 종기까지 나셨으니 참으로 큰일일세."
"장영실 그 자가 만든 연에서 떨어지신 다음부터 더 나빠지셨어. 하지만 세자 저하께서 워낙 훌륭하시니 크게 걱정하지 않아도 될 걸세. 이럴 때일수록 우리가 더욱 열심히 일을 해야 하지 않겠나."
세자 향. 세종의 맏아들로 태어나 여덟 살 때 세자가 되었다. 서른을 훌쩍 넘긴 세자는 아버지 세종에게서 받은 가르침과 경험만으로도 나

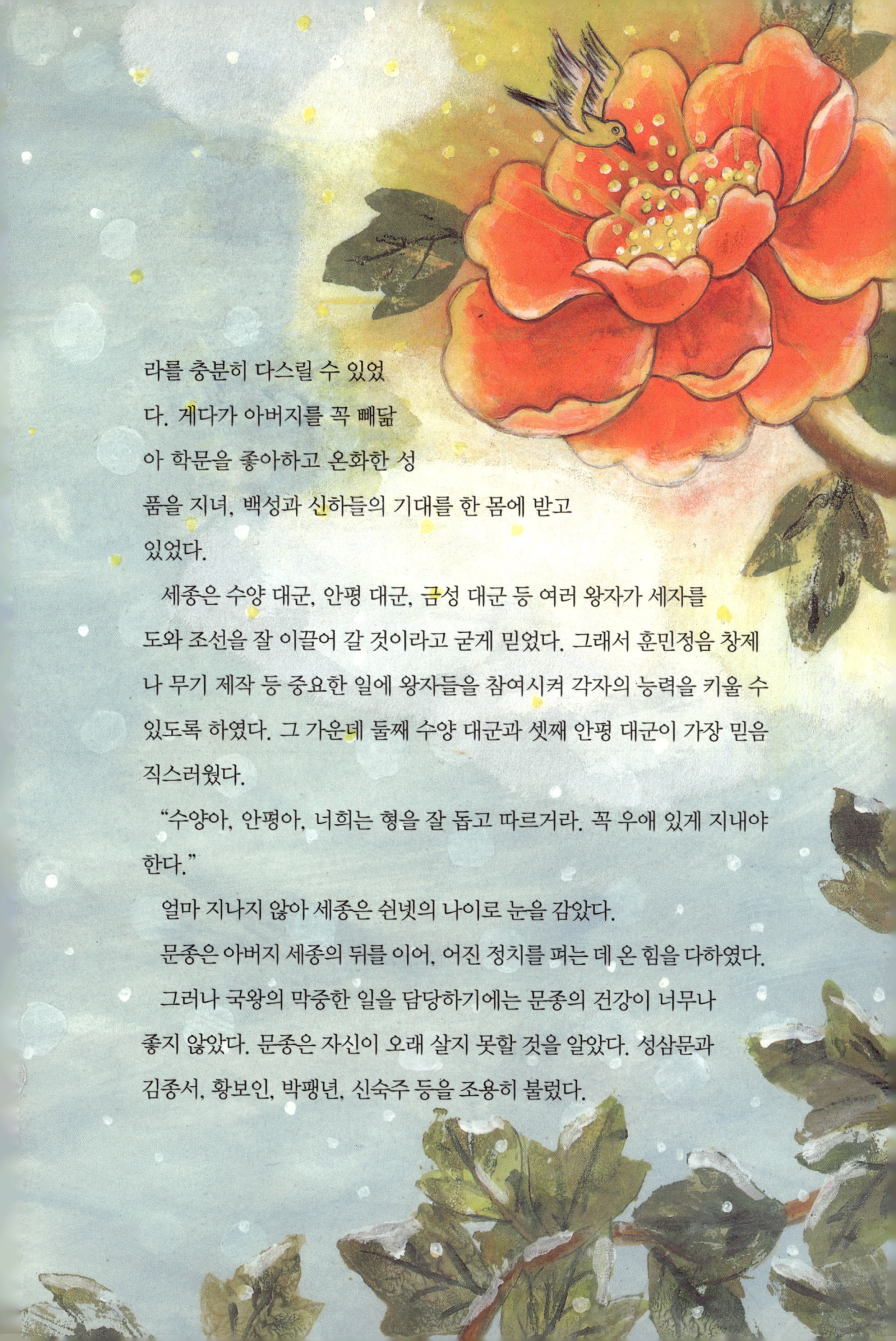

라를 충분히 다스릴 수 있었다. 게다가 아버지를 꼭 빼닮아 학문을 좋아하고 온화한 성품을 지녀, 백성과 신하들의 기대를 한 몸에 받고 있었다.

　세종은 수양 대군, 안평 대군, 금성 대군 등 여러 왕자가 세자를 도와 조선을 잘 이끌어 갈 것이라고 굳게 믿었다. 그래서 훈민정음 창제나 무기 제작 등 중요한 일에 왕자들을 참여시켜 각자의 능력을 키울 수 있도록 하였다. 그 가운데 둘째 수양 대군과 셋째 안평 대군이 가장 믿음직스러웠다.

　"수양아, 안평아, 너희는 형을 잘 돕고 따르거라. 꼭 우애 있게 지내야 한다."

　얼마 지나지 않아 세종은 쉰넷의 나이로 눈을 감았다.

　문종은 아버지 세종의 뒤를 이어, 어진 정치를 펴는 데 온 힘을 다하였다.

　그러나 국왕의 막중한 일을 담당하기에는 문종의 건강이 너무나 좋지 않았다. 문종은 자신이 오래 살지 못할 것을 알았다. 성삼문과 김종서, 황보인, 박팽년, 신숙주 등을 조용히 불렀다.

"나는 오래 살지 못할 것 같소. 어린 세자가 왕위에 오르면 어려운 일이 많을 것이니, 경들이 꼭 지켜 주시오."

결국 문종은 보위에 오른 지 2년 3개월 만에 병석에 눕고는 다시 일어나지 못하였다. 문종은 가슴에 품었던 꿈을 펼치지도 못한 채 영영 세상을 떠나고 만 것이다. 서른아홉, 너무나 아까운 나이였다.

백성과 신하들 모두 큰 슬픔에 빠졌다.

"어질고 총명하신 우리 임금님께서 어찌 이리 빨리 가신단 말인가!"

"하늘도 무심하시지. 이제 겨우 열두 살 되신 새 임금님이 딱해서 어떡하나!"

"태어난 지 이틀 만에 어머니를 잃고, 할머니도 안 계시는데, 누가 우리 어린 임금님을 지켜 드릴 수 있을까?"

그래도 열두 살 소년 국왕 단종은 마음을 꿋꿋하게 가지려고 노력하였다.

'할아버지, 아버지, 소자를 잘 지켜보아 주시옵소서. 두 분의 뜻을 받들어서 반드시 훌륭한 왕이 되겠습니다.'

할아버지 세종과 아버지 문종을 도왔던 김종서, 황보인이 그림자처럼 따라다니며 단종을 지켰다. 집현전 학사들도 단종을 열심히 도왔다. 중요한 일은 정승들과 높은 관리들이 맡아 하였다.

"우리는 돌아가신 두 분 선대왕의 뜻을 받들어야 하네."

"주상께서 성년이 되실 때까지 목숨을 바쳐 보필할 것이네."

이제 어서어서 시간이 흘러 단종이 열다섯, 열여덟, 스무 살의 청년으로 성장하면 될 것 같았다. 그러나 세상일은 그렇게 간단하지가 않았다. 세상이 그를 기다려 주지 않았던 것이다.

수양 대군과 김종서의 대립

'너무 큰 힘을 가졌어.'

수양 대군은 황보인과 김종서를 의심의 눈초리로 바라보고 있었다. 장차 두 사람이 어린 왕을 앞세워 제멋대로 나라를 움직일까 봐 걱정하였다.

'조선은 국왕과 백성의 나라이다. 감히 신하가 왕을 마음대로 조정하려 들다니…… 무슨 수를 써서라도 쫓아내야지.'

김종서와 황보인도 드러내 놓고 수양 대군을 경계하였다. 혹시나 수양 대군이 왕이 되려는 마음을 먹을까 봐 눈을 부릅뜨고 지키고 있었다. 그런 가운데 사람들이 수양 대군 쪽으로 하나 둘씩 조용히 모여들었다.

"나리께서 이 몸을 필요로 하실 것 같아서 찾아왔습니다."

홍윤성, 홍달손, 한명회는 수양 대군의 집을 쉴 새 없이 드나들었다. 이들은 황보인과 김종서 등이 큰 힘을 갖게 된 것이 불만스러웠다. 또한 수양 대군과 손잡고 세상을 호령해 보고도 싶었다.

수양 대군은 특히 한명회를 아끼고 믿었다. 한명회는 서른여덟이 될 때까지 경덕궁 문지기라는 하찮은 벼슬을 지내던 자였다. 그렇지만 한명회는 술수에 능하고 세상 돌아가는 일을 꿰뚫어 살필 줄 아는 안목을 가진 자였다. 게다가 천하를 손에 넣고 싶은 야망을 감추고 있었다. 수양 대군은 한명회의 능력을 한눈에 알아보고 늘 곁에 두었다. 한명회는 수양 대군의 기대에 어긋나지 않았다. 수양 대군이 위기에 처할 때마다 기막힌 계책을 내놓았다.

"대군 마마, 우리가 힘을 얻으려면 군사권을 가진 김종서부터 제거해야 합니다."

한명회가 수양대군에게 속삭였다.

"늙은 여우같이 눈치가 빠른 그 자를 어떻게 제거할 수 있겠나?"

김종서는 정치 경험이 많아 눈치도 빠르고 판단도 정확하였다. 게다가 여진족을 토벌하는 등 나라를 위해 큰 공을 세워 백성들의 존경을 한 몸에 받고 있었다.

아직은 때가 아니었다. 서두르다가 일을 망칠 수도 있기 때문이다.

"더 기다려 보세. 천 리 길도 한 걸음부터라고 하지 않았는가. 우선 김종서 무리들을 안심시킨 다음……."

수양 대군은 스스로 명나라 사신으로 갈 것을 청하였다. 김종서는 먼 길을 자청한 수양 대군을 별로 의심하지 않았다. 수양 대군은 신숙주와 함께 가면서 그를 자기편으로 만들려고 애썼다. 고된 여행길이지만 명나라 황제의 마음을 얻는 기회도 만들 수 있었다.

수양 대군, 조카의 왕위를 빼앗다

여섯 달이 흘렀다. 명나라에서 돌아온 수양 대군은 어느 날 해질 무렵 관복을 차려입고 김종서의 집으로 갔다. 수하 무사인 홍달손, 양정, 유수 세 사람이 옷소매 속에 무시무시한 철퇴를 하나씩 감추고 뒤를 따랐다. 김종서의 아들이 나와서 맞았다.

"자네 아버님께 긴히 드릴 말씀이 있네. 해가 지기 전에 대궐에 들어가

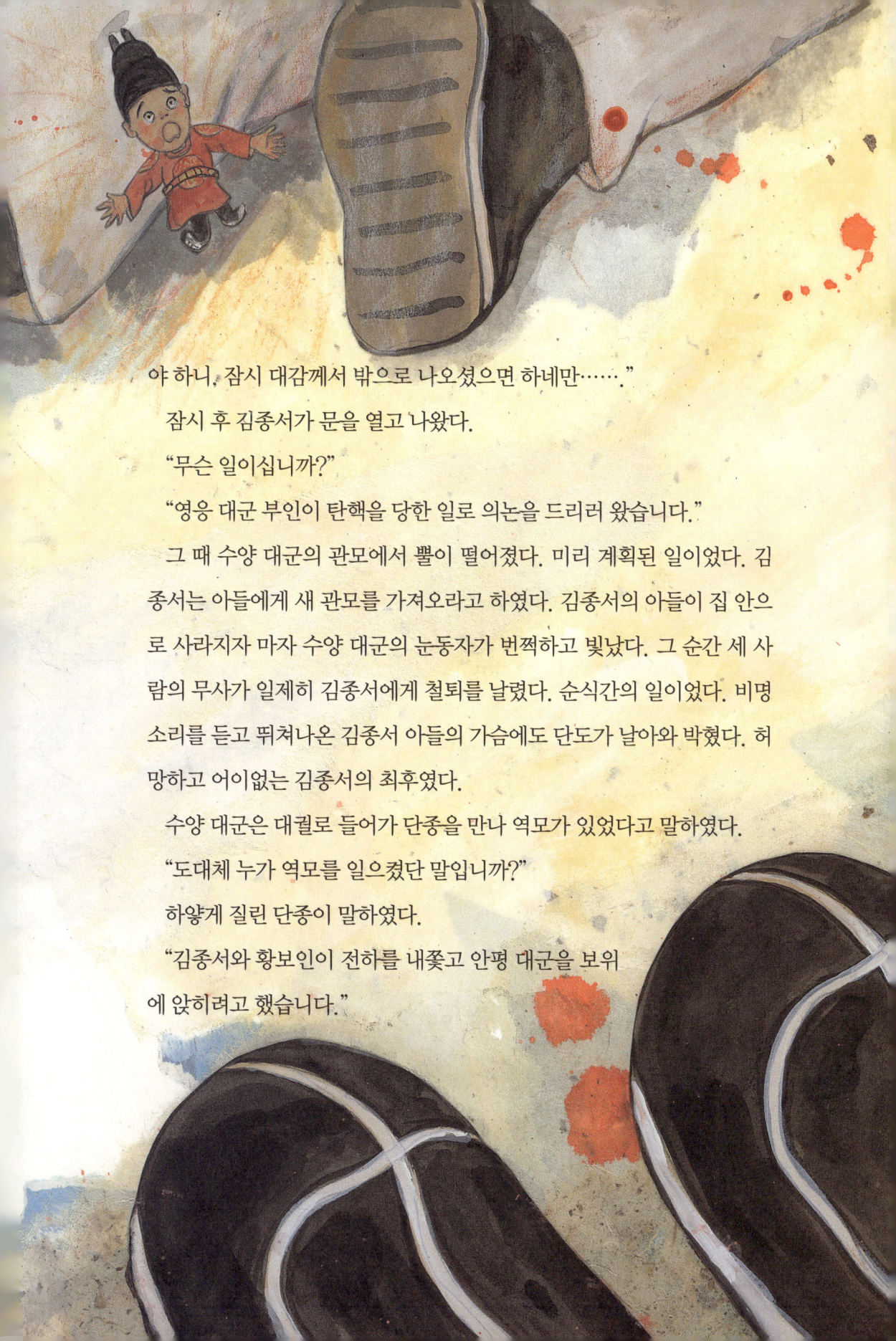

야 하니, 잠시 대감께서 밖으로 나오셨으면 하네만…….."
 잠시 후 김종서가 문을 열고 나왔다.
"무슨 일이십니까?"
"영응 대군 부인이 탄핵을 당한 일로 의논을 드리러 왔습니다."
 그 때 수양 대군의 관모에서 뿔이 떨어졌다. 미리 계획된 일이었다. 김종서는 아들에게 새 관모를 가져오라고 하였다. 김종서의 아들이 집 안으로 사라지자 마자 수양 대군의 눈동자가 번쩍하고 빛났다. 그 순간 세 사람의 무사가 일제히 김종서에게 철퇴를 날렸다. 순식간의 일이었다. 비명 소리를 듣고 뛰쳐나온 김종서 아들의 가슴에도 단도가 날아와 박혔다. 허망하고 어이없는 김종서의 최후였다.
 수양 대군은 대궐로 들어가 단종을 만나 역모가 있었다고 말하였다.
"도대체 누가 역모를 일으켰단 말입니까?"
 하얗게 질린 단종이 말하였다.
"김종서와 황보인이 전하를 내쫓고 안평 대군을 보위에 앉히려고 했습니다."

수양 대군은 자신에게 반대하는 사람들을 역모로 몰아서 죽이고 쫓아냈다. 동생 안평 대군도 역모의 죄를 뒤집어쓰고 강화도로 유배되었다가 얼마 뒤 사약을 마시고 죽었다.

드디어 수양 대군은 영의정이 되었다. 게다가 이조 판서와 병조 판서까지 겸하여 나라의 모든 살림살이가 모두 그의 손을 거치게 되었다. 수양 대군이 왕과 다름없는 권력을 쥘수록 단종은 점차 초라한 허수아비가 되어 갔다. 눈앞에 천 길 낭떠러지를 만나도 이보다 더 암담하지는 않을 것 같았다.

"이젠 어쩔 수가 없다. 내가 왕의 자리에 있으면 죄 없는 신하들만 죽어 나갈 뿐이야. 수양 숙부의 뜻이 옥좌에 있다면 내어 주는 것이 모두를 살리는 길이다."

드디어 마음을 굳힌 단종이 무겁게 입을 열었다.

"과인은 아직 어리고 부족하여 국왕의 임무를 다할 수가 없으니 숙부께서 옥새를 대신 맡아 주시오."

수양 대군은 화들짝 놀라며 짐짓 바닥에 꿇어 엎으려 울면서 사양하였다.

"전하, 그 무슨 망극한 말씀이십니까. 신이 제대로 받들지 못한 죄가 하늘에 닿을 만큼 큽니다."

"아닙니다. 과인의 결심은 이미 분명하니, 더 이상 사양치 마시오. 동부승지는 어서 옥새를 전하라."

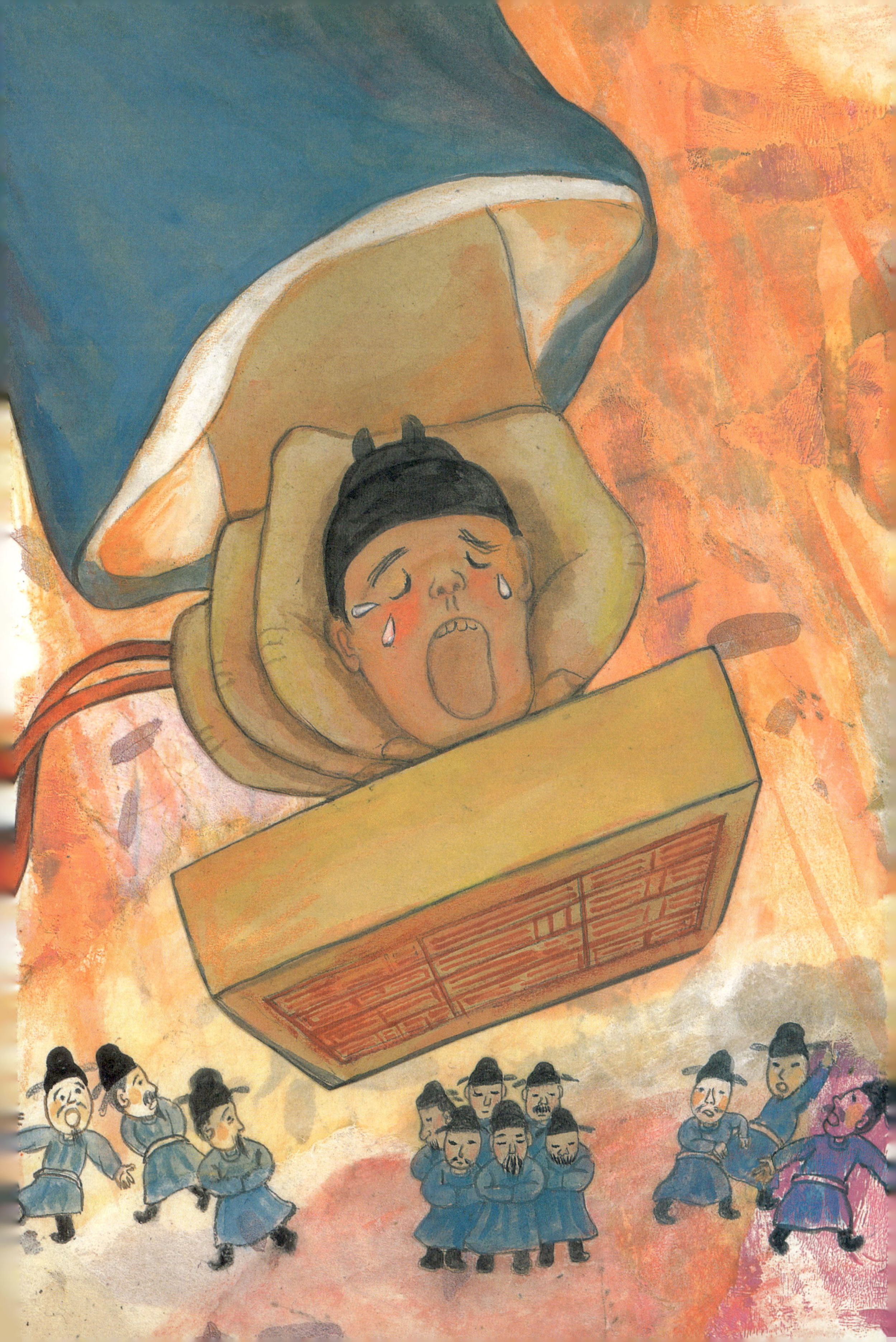

백성이 편안한
나라를 향하여

나는 나리의 신하가 아니오

옥새를 넘기고 돌아선 단종은 눈물을 삼키며 경복궁을 떠나 창덕궁으로 거처를 옮겼다. 경복궁 근정전에서는 수양 대군이 세조로 등극하는 즉위식이 열렸다.

단종이 왕위에서 물러났다는 소식이 퍼지자 관직에서 물러나는 사람들이 줄을 이었다. 과거 시험을 준비하던 성균관 학생 조려는 여러 유생들과 울며 작별한 뒤 고향으로 내려가 버렸다.

"숙부가 조카의 왕위를 빼앗는 세상에서 벼슬은 해서 무엇하리!"

직제학 벼슬을 하던 원호는 수양 대군의 신하가 될 수 없다며 사직서를 던지고 고향으로 돌아가 버렸고, 교리 벼슬을 하던 성담수도 시골로 내려갔다. 이맹전은 세상이 잘못 돌아간다고 한탄하면서 귀먹고 눈먼 척하며 죽을 때까지 사람을 사귀지 않았다고 한다.

그렇게 얼마의 시간이 흘렀을까. 창덕궁에서 불안한 나날을 보내던 단종 곁으로 조용히 사람들이 드나들었다. 겉으로는 단종을 위로하는 것처럼 보였지만 안에서는 엄청난 일이 꿈틀대고 있었다. 성삼문, 박팽년 등 몇몇 사람이 단종의 왕위를 되찾기 위한 거사를 은밀히 꾸미기 시작한 것이다.

세조의 즉위를 축하하려고 명나라의 사신이 오자 거사를 위한 발걸음이 한층 빨라졌다. 명나라 사신을 환영하는 축하 잔치에서 칼춤을 추다가 새 왕과 세자를 죽이고 단종을 복위시킨다는 계획이었다. 성승과 성삼문 부자, 유응부, 박팽년, 하위지 등이 죽기를 각오한 결연한 눈빛으로 서로를 번갈아 바라보았다. 성공하면 단종이 다시 옥좌에 앉겠지만 만일 실패한다면 자신들이 죽는 것은 물론 단종 또한 역모의 우두머리가 되어 목숨을 지키기 어려울 터였다.

그런데 눈치 빠른 한명회가 심상치 않은 낌새를 느끼고 축하 연회에서 칼춤을 추지 못하도록 하였다. 계획이 틀어질 기미가 보이자 배신자가 나오고 말았다. 김질이라는 자가 한밤중에 영의정 정창손을 찾아가 거사 계획을 털어놓고 말았다. 정창손은 소스라치게 놀라 김질을 데리고 세조를 찾아갔다. 세조는 머리카락이 쭈뼛하게 서는 것 같았다.

"여봐라, 의금부에 명하여 역모에 가담한 자들을 모두 잡아들여라!"

"너희가 역모를 꾀하였느냐?"

서릿발 같은 세조의 질문에 성삼문이 차분하게 대답하였다.

"우리는 나라를 도둑질한 나리를 내쫓고 잘못된 나라를 바로잡으려고 했을 뿐이오."

세조는 기가 막히면서도 한편으로 뜨끔하였다.

"신하가 어찌 임금을 쫓아내려고 하느냐?"

"나리, 충신은 두 임금을 섬기지 않는 법입니다. 나리는 삼강오륜의 군신유의도 모르시오? 임금과 신하는 서로 의리를 지켜야 하는 법, 우리는 세종과 문종 대왕께 상왕 전하를 지키겠노라 목숨을 걸고 맹세하였소."

"저놈이 누구더러 나리, 나리 하는 거냐? 내가 주는 녹봉을 받았으니, 너는 내 신하가 아니냐?"

성삼문이 눈을 부릅뜨고 대답하였다.

"나는 상왕의 신하이지 나리의 신하가 아니오. 나리가 준 녹봉들은 내 집 창고에 쌓여 있으니 가서 보시오. 단 한 톨도 축내지 않았소이다."

뼈와 살이 으스러지도록 매를 치고

고문을 해도 소용이 없었다. 박팽년, 이개, 하위지, 유성원, 유응부 모두가 마찬가지였다. 세조는 두려움과 분노로 파들파들 몸을 떨었다. 그러면서도 진심으로 그들이 아까웠다.

'그대들은 이 나라를 위해 일할 인재들이건만…… 어째서 나와는 다른 길을 가려고 하는가. 부왕께서 만드신 집현전에서 함께 공부하던 일을 기억하지 못하는가?'

세조는 마음속으로 눈물을 흘렸다.

'저들은 살아서는 역적이지만, 죽어서는 충신이 되겠구나.'

결국 박팽년이 심한 고문을 받다가 옥중에서 죽었다. 다른 사람들은 새남터 형장으로 끌려 나갔다. 죽음을 재촉하는 북소리를 들으며 힘겹게 걸음을 옮기던 성삼문이 해가 지는 인왕산 쪽을 바라보았다.

'저승에서 세종 대왕과 문종 대왕을 무슨 낯으로 뵐 것인가……'

굵은 눈물이 볼을 타고 흘러내렸다.

둥둥둥 북소리 사람 목숨 재촉하는데
머리 돌려 보니 해 뉘엿뉘엿 저무네.
먼 황천길 주막 하나 없으려니
나는 오늘 밤 뉘 집에서 묵어갈거나.

여섯 살 된 성삼문의 딸이 수레 뒤를 따르며 아버지를 부르고 울부짖었다. 이제 대역 죄인의 딸이 된 어린 소녀는 관노비로 끌려갈 것이다. 많은 사람이 소리 없이 눈물을 흘리며 수군거렸다.

"정말 아까운 사람들이 죽는구나. 하늘도 무심하시지."

형장으로 끌려간 사람들은 사지를 찢기는 참혹한 형벌을 받았다. 세조는 이들을 죽여 그 목을 사흘 동안 저잣거리에 매달아 두도록 하였다. 이들의 재산은 숟가락 하나까지 철저하게 빼앗겼으며 가문의 남자들은 모두 죽음을 당하였다. 여자들은 관노비가 되어 지방 관아로 끌려갔다. 이 일로 형벌을 받은 사람이 70여 명에 이르고 자살한 사람과 유배된 사람은 헤아릴 수 없을 정도로 많았다. 훗날 사람들은 성삼문, 이개, 하위지, 박팽년, 유응부, 유성원을 '사육신'이라고 부르고 충절의 상징으로 여겼다.

삼각산 중흥사에서 공부를 하다가 이 소식을 들은 김시습은 공부하던 책을 모두 불태워 버렸다. 어느 날 밤, 김시습은 토막 난 사육신의 시신을 거두어 한강 건너편 언덕, 지금의 노량진에 고이 묻어 주었다. 그는 어릴 적 세종을 놀라게 한 천재였지만, 세조가 왕이 되자 정치에 뜻을 버리고 자연 속을 떠돌며 살았다. 그를 아끼는 사람들이 벼슬을 아무리 권해도 평생 산 속에 묻혀 살며 불교와 유교를 아우르는 탁월한 글을 써서 남기기도 하였다.

단종, 사약을 받다

단종의 운명도 내리막길을 달렸다.

"전하, 상왕을 폐하고 귀양을 보내시옵소서."

"상왕은 역모의 우두머리입니다. 상왕을 폐하시옵소서."

조정에서는 날마다 상왕을 폐하라고 목청을 높였다. 드디어 세조는 단종을 노산군으로 낮춰 부르도록 하고, 강원도 영월로 귀양을 보냈다. 한 나라의 왕이 죄인이 되어 유배를 가는 것은 왕조가 열리고 처음 있는 일이었다.

단종은 쓸쓸하게 궁을 떠나 강원도로 향하였다. 그리고 사람이 살지 않을 정도로 깊은 산골짜기인 영월의 청령포에 갇히게 되었다. 청령포는 삼면이 시퍼런 강으로 둘러싸이고 한 쪽은 깎아지른 절벽이었기 때문에 날아가는 새만이 드나들 정도로 외진 곳이었다.

단종이 청령포에서 눈물로 세월을 보내고 있을 때, 세종의 여섯째 아들 금성 대군이 단종의 복위를 계획했다가 실패하였다. 금성 대군은 경상도 순흥으로 귀양 갔다가 사약을 받았다.

한명회와 정인지 등은 노산군을 죽여 없앨 것을 주장했다. 결국 세조가 내려 보낸 사약을 가지고 금부도사가 멀고 먼 영월 땅에 도착했다.

"어젯밤 꿈에 아버지 어머니, 할아버지께서 나를 찾아오셔서 슬피 우시더니, 오늘 내가 죽게 되어서 그러셨구나."

단종은 쓸쓸히 혼잣말을 하더니, 사약 사발을 내려놓는 금부도사를 꾸짖었다.

"네 이놈, 너는 누구의 신하냐. 감히 왕을 죽이는 신하가 어디에 있더란 말이냐!"

단종은 끝내 사약을 받지 않고 방으로 들어가 문을 잠갔다. 그리고 조용히 노끈으로 자신의 목을 묶고는 하인을 불러 문 밖에서 힘껏 잡아당기게 하였다. 숙부가 보낸 사약을 마다하고 스스로 목숨을 끊은 것이다. 그 때 단종의 나이 열일곱 살이었다.

"노산군의 시신을 동강에 던져 버리고 거두지 말라. 이를 어기는 자는 삼대를 잡아 죽일 것이다!"

단종을 모시던 사람들도 시퍼런 동강의 물살에 몸을 던졌다.

며칠이 지난 뒤, 달도 없는 칠흑 같은 밤에 영월의 관아에서 일을 하던 호장 엄흥도와 그의 아들이 단종의 시신을 거두었다.

'설혹 내 목숨을 잃는다고 해도 억울하게 돌아가신 임금님을 물고기 밥이 되도록 둘 수는 없는 노릇 아닌가?'

직제학 벼슬을 버리고 시골로 내려갔던 원호는 단종이 죽었다는 소식을 듣고 영월 땅으로 들어갔다. 거적을 깔고 그 위에 엎드려 아침저녁으로 눈물을 흘리며 3년 동안 시묘(무덤 옆에서 움막을 짓고 사는 삶)를 지냈다.

남효온은 단종이 이제 세상을 떠났으니, 왕의 신분을 되찾아 명예를 지키게 해 달라는 상소를 세조에게 올렸다. 하지만 이 상소가 받아들여질 리 없었다. 남효온은 벼슬을 버리고 평생을 산과 들에 묻혀서 보냈다.

단종은 죽은 뒤에도 오랫동안 죄인의 신분, 평민의 신분 노산군이었다. 200년도 더 지나 숙종 때에 이르러서야 단종이라는 이름으로 높여져 한때 왕이었던 명예를 되찾을 수 있었다.

훈구 대신의 등장

세조는 안평 대군, 금성 대군, 노산군을 비롯해 셀 수 없이 많은 사람을 저세상으로 보냈다. 비명에 죽은 피붙이들과 신하들이 떠오르면 미칠 듯이 괴로웠다. 게다가 그런 왕을 바라보는 백성들의 시선도 곱지 않았다.

"어떻게 그럴 수가 있나. 조카를 죽이고 왕위를 차지하다니……."

"흥, 어디 얼마나 왕 노릇을 잘하나 보자고."

"나중에 지하에서 세종 대왕, 문종 대왕을 무슨 낯으로 보려고?"

"난 한명회나 신숙주 같은 자가 더 밉네!"

세조를 이해하려는 사람들도 없지는 않았다.

"수양 대군이 왕위에 오르지 않았으면 나이 많은 대신들이 왕실을 위협했을 거야."

"맞아, 잘못하면 이 나라의 왕이 허수아비가 될 뻔했어."

그래도 조카를 죽이고 왕이 되었다는 사실이 달라질 수는 없었다. 세조는 할아버지 태종을 자주 떠올렸다.

'할아버지 태종 대왕께서도 많은 사람의 목숨을 빼앗으며 우여곡절 끝에 왕이 되셨지. 하지만 참으로 많은 일을 하시지 않았던가? 나도 반드시 그렇게 할 것이다.'

세조는 누가 자신의 자리를 빼앗지 않을까 불안했다. 그래서 한명회, 신숙주, 정인지 등 믿을 수 있는 공신들을 중요한 자리에 앉히고 그들에게 큰 힘을 실어 주었다.

자신이 왕위에 앉도록 도와준 공신들에게 많은 땅과 노비, 재물을 내려

주고 죄를 지어도 벌을 받지 않는 특혜를 주었다. 그뿐 아니라 공신의 자손들에게도 높은 벼슬자리를 주었다. 점차 공신들은 높은 벼슬을 이용해 온갖 방법으로 부정을 저지르고 많은 재물을 긁어모았다. 한명회는 엄청난 돈을 들여 압구정이라는 호화로운 정자를 짓는 등 부귀영화를 누리며 떵떵거렸다. 그리고 자신의 두 딸을 세조의 집안으로 시집보냈다.

"호호, 장차 나의 외손자가 이 나라의 왕이 되겠구나. 생각만 해도 절로 웃음이 나는구나."

사람들은 권력과 재물을 한 손에 틀어쥔 공신들을 '훈구'라고 불렀다. 시간이 흐를수록 훈구 대신들에 대한 사람들의 불만이 높아만 갔다.

어느 날 세조 맏아들 의경 세자가 갑자기 죽었다. 멀쩡한 청년이 하루아침에 세상을 떠나자 백성들 사이에서 흉흉한 소문이 떠돌았다.

"주상 전하의 꿈속에 현덕 왕후께서 나타나셨다면서?"

현덕 왕후는 문종의 왕비이자 단종의 친어머니였는데, 단종을 낳고 이틀 만에 세상을 떠났다.

"쉿! 조용히 해. 현덕 왕후께서 네가 내 아들을 죽였으니, 나도 네 아들을 데려가겠다고 저주하셨다는군."

"저런, 별 희한한 꿈이 다 있네."

"그뿐이 아니야. 꿈속에서 현덕 왕후가 주상전하에게 침을 뱉으셨는데,

그 침이 벌레가 되어 몸에 달라붙었다는군."

"그래서 요즘 주상 전하의 온 몸에 붉은 반점이 생기신 건가? 피부병 때문에 고생하시잖아. 온천에도 자주 가시고 말이야."

"그러게 말일세. 사람은 마음을 곱게 쓰고 바르게 살아야지."

"쉿! 조용히 하게. 자네 때문에 잘못하면 내 목숨이 날아가겠군."

한편, 세조를 왕으로 섬길 수 없다며 고향으로 내려간 선비들은 제자들을 가르치며 벼슬길에 나오지 않았다. 사람들은 이런 지조 있는 선비들을 '사림'이라고 불렀다. 사림들은 부정부패를 일삼는 훈구 대신들을 강하게 비판하였다. 시간이 한참 흐른 뒤 세조의 손자들이 왕이 되었을 때 사림들이 조금씩 중앙의 정치 무대에 등장하였다. 이 때 사림들은 훈구 대신들과 크게 부딪쳐 많은 사람이 죽고 다쳤다.

세조, 백성을 위한 정치를 펴다

세조는 진심으로 백성을 위한 정치를 펴려고 애썼다. 비록 조카를 내쫓고 무자비하게 왕위에 올랐지만 사람들의 기억에 오래 남을 만한 국왕이 되고 싶었다.

"예전에는 홍수가 나고 가뭄이 들어도 그저 또 재해가 났다는 생각만 했소. 그런데 옥좌에 앉고 나니 한 줄기 태양빛이 너무 뜨거워도 내 탓인가 싶어 가슴이 아프고 조심스럽구려."

"모든 것은 백성들의 피땀에서 나오는 것이니 낭비하거나 사치하는 일이 없도록 하시오. 왕실에서도 비단옷을 입지 말고 무명옷을 입어 백성들의 노고를 잊지 않도록 하시오. 이 나라 조선의 근본은 농업이니 나와 왕비가 직접 씨를 뿌려 농사짓고 누에를 쳐 비단을 짜는 모범을 보이는 것이 좋겠소."

세조는 궁중의 잔치에 사용하는 꽃도 종이로 만들어 여러 번 사용하도록 했고, 세자궁을 지으면서도 다른 곳에서 쓰다가 남은 석재와 목재를 쓰도록 했다. 어떤 신하는 세자가 쓰는 필기구를 은으로 만들자는 청을 올렸다가 호된 야단을 맞기도 했다.

세조는 아버지 세종이 펼쳤던 여러 사업들도 잘 이어받았다. 북쪽과 남쪽의 국경을 튼튼히 지켜 백성들이 안심하고 살 수 있도록 하였다. 뿐만 아니라 농사일이 바쁘지 않은 겨울에 군사 훈련을 실시하고, 병선을 만들어 바다를 침입하는 외적에 대비하였다. 전쟁을 대비한 작전도 세웠다. 진관 체제를 실시하여 큰 성이 있는 고을을 중심으로 주변의 작은 고을 군사들을 한데 모아 스스로 적과 싸워 이길 수 있도록 평소에 훈련하였다.

세조는 수양 대군 시절, 훈민정음을 만드는 일에 직접 참여하였기 때문에 아버지 세종 대왕이 왜 그토록 쉬운 문자를 만들고자 하였는지 누구보다 잘 알고 있었다. 그래서 어려운 한문책을 훈민정음으로 풀어 새롭게 찍어 내도록 명을 내리고, 수많은 신하의 반대에 부딪히면서도 불경을 훈민정음으로 번역하는 관청을 두기도 하였다.

그러던 어느 날 세조는 사헌부에서 올린 문서를 읽다가 깜짝 놀랐다.

"내가 그렇게 신신당부하였건만······."

성격이 급한 세조의 얼굴이 붉으락푸르락하였다.

문서에는 억울하게 벌을 받은 백성의 이야기가 담겨 있었다.

"가서 이 일을 담당한 사헌부 관리를 빨리 불러오너라."

세조는 관리를 쏘아보며 준엄하게 꾸짖었다.

"내가 백성들을 너무 가혹하게 다루지 말라고 하지 않았느냐. 더욱이 억울한 일을 당하는 백성이 없어야 한다고 엄히 명했거늘 왜 나의 명령을 어겼느냐?"

사헌부 관리가 쩔쩔매면서 대답하였다.

"저는 단지 예부터 전해 오는 법에 따라 처리했을 뿐입니다."

자기는 법대로 했으니 잘못이 없다는 말이었다.

'아무래도 법전을 다시 정리해야 백성들의 생활이 편안해지고, 나라를 다스리는 데도 질서가 잡히겠구나.'

어전에서 회의가 열렸을 때 세조는 법령을 정비할 뜻을 내비쳤다.

"지금까지 조선에서 만들어진 모든 법을 모으고, 다른 나라의 법들을 참고하여 나라를 다스리는 법전을 만들려고 하오."

"전하, 이미 여러 개의 법전이 있고, 중국의 법을 참고하여 나라를 다스리고 있지 않사옵니까? 중요한 일이 생길 때마다 전하께서 관청에 내리시는 명령도 법이 됩니다."

"바로 그것이 문제라오. 여러 관청에서 하는 일을 분명하게 정하고, 수많은 관리가 자기의 할 일을 정확히 알려면 잘 정리된 법전이 필요하지 않겠소?"

"예, 전하. 분부 받들겠습니다. 육전 상정소를 두어 새 법전 편찬을 맡기도록 하겠습니다."

경국대전 편찬이 시작되다

아침부터 밤늦게까지 육전 상정소의 관리들은 쉴 새 없이 바빴다. 푹푹 찌는 더운 여름날이나 손발이 꽁꽁 어는 추운 겨울날에도 매일 산더미처럼 쌓인 종이 더미와 씨름하는 일은 힘겹기만 하였다.

"차라리 우리가 법을 새로 만드는 편이 쉽겠습니다."

한 젊은 관리가 볼멘소리로 말하자 나이가 제일 많아 보이는 사람이 말하였다.

"허허, 힘들 내세. 우리가 하는 일이 얼마나 중요한지 자네도 잘 알고 있지 않는가. 선대왕들께서 내리신 명령들이 오랫동안 차곡차곡 쌓이다 보니, 같은 내용이 반복되는 데다 가끔은 명령들끼리 부딪히고 서로 잘 맞지 않으니 제대로 정리를 해야지."

육전 상정소의 관리들은 중요한 관청인 6조, 이조와 호조, 예조와 병조, 공조와 형조에서 하는 일에 따라 수많은 법을 6개의 법전으로 정리하였다. 오랫동안 두고두고 지켜야 할 법, 잠시 동안만 쓰려고 만든 법, 시간이 지나면 고쳐야 할 법을 구분하였다. 일반 백성들이 지켜야 할 법도 있었지만 대부분 나라 관청에서 맡은 업무를 아주 세세하게 적어 나갔다.

"백성들이 내는 세금과 군역에 관한 법전과 잘잘못을 가려 죄를 주고 재판하는 데 필요한 법전을 먼저 만들어 백성들이 안심하고 살 수 있도록 하라."

세조의 명에 따라 호조에서 하는 일을 담은 '호전'과 형벌과 노비에 대

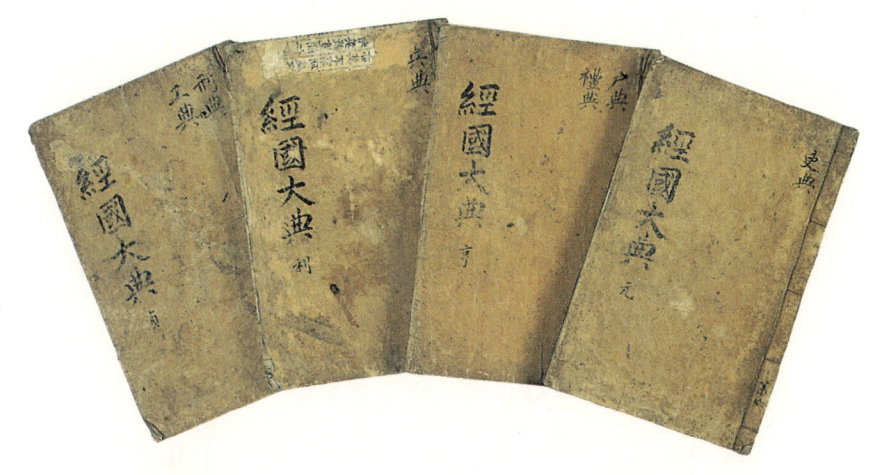

경국대전
세조 때 편찬을 시작하여 성종 때 완성한 조선의 기본 법전이다.
국가의 통치를 법에 따라 한다는 원칙을 세웠다는 점,
중국과 다른 우리 고유의 법을 책으로 엮었다는 데 큰 의미가 있다.

한 일을 맡아 하는 형조의 '형전'을 가장 먼저 편찬했다.

잘못한 사람을 어떻게 벌주어야 하는지, 관리는 어떻게 뽑아야 하는지, 세금은 어떻게 거두어야 하는지, 시장에서 물건을 사고팔 때 무게와 길이를 어떻게 재야 하는지 등 백성들의 생활과 나라 살림살이에 필요한 온갖 법들을 정리한 법전이 조금씩 모양을 갖추어 가기 시작하였다.

그러나 세조는 법전이 마무리되는 것을 미처 보지 못하고 세상을 떠났다. 세조 때 편찬을 시작한 법전은 예종을 지나 성종 때가 되어서야 완성되었다. 이전, 호전, 예전, 병전, 형전, 공전으로 이루어진 이 법전에는 〈경국대전〉이라는 이름이 붙었다. '나라를 다스리는 큰 법전'이라는 뜻이었다. 〈경국대전〉은 600년간 조선을 다스리는 기본 법전이 되었다.

남이와 유자광

세조가 왕위에 오른 지 13년이 되던 해, 북쪽 국경 함길도에서 이시애가 동생 이시합과 함께 반란을 일으켰다. 이시애는 자신을 아껴 주던 김종서가 세조에게 억울한 죽음을 당한 데 깊은 원한을 품고 있었다. 조정에서 북쪽으로 보내는 군관들이 거의 남쪽 양반 출신인 점도 큰 불만이었다. 때마침 길주 수령이 된 설정신과 절도사 강효문이 모두 남쪽 출신 관리였다. 두 사람은 사사건건 삐딱한 이시애가 영 마음에 들지 않았다. 그래서 일을 꾸며 강제로 관직에서 쫓아내려고 하였다.

'뭐? 나를 쫓아내?'

격분한 이시애는 강효문을 죽이고 난을 일으켰다. 조정에 불만이 많았던 함길도 백성들이 삽시간에 모여들어 이시애와 함께 싸우겠다고 나섰다.

"조정에서는 함길도를 치려고 군사를 움직인다는데……."

"군사들이 함길도의 백성들을 다 죽일 거라면서?"

흉흉한 소문까지 돌아 민심이 점점 더 뒤숭숭해졌다. 덕분에 이시애는 함길도의 여러 고을을 힘들이지 않고 손에 넣을 수 있었다. 이시애는 조정에 절도사 강효문을 죽인 사실을 거짓으로 보고하였다.

"강효문이 신숙주, 한명회와 몰래 내통하면서 역모를 꾀하였습니다. 그래서 어쩔 수 없이 죽였습니다."

세조는 잠시 고민하다가 한명회와 신숙주를 옥에 가두었다. 평생을 함께한 동지였지만 역모라는 말에 불현듯 의심이 솟구쳤다. 그리고 곧바로

반란군 토벌에 나섰다. 태종의 외손자이자 세조의 조카인 귀성군이 토벌 대장을 맡고 남이, 강순 등 젊고 무예가 뛰어난 장수들이 힘을 보탰다. 드디어 3만 명의 토벌군이 함길도를 향해 길을 떠났다.

 이시애의 반란군은 수도 많고 사기도 높았지만 그 대부분이 칼자루조차 제대로 잡지 못하는 농민들이었다. 반란군은 스물일곱 청년 장수 남이가 이끄는 토벌군에게 모래성처럼 허물어졌다. 반란군의 패배가 거의 확실해지자 이시애의 부하들은 이시애 형제를 밧줄로 꽁꽁 묶어 토벌군에 넘겼다.

남이는 계속 북쪽으로 말을 달려 여진족까지 토벌하였다.

백두산의 숱한 돌은 칼을 갈아 다 닳아지고
두만강의 푸른 물은 말을 먹여 잦아졌네.
사나이 스무 살에 나라를 평정하지 못한다면
뒷날에 누가 나를 대장부라고 하겠는가.

대장부다운 기개가 넘치는 이 시가 뒷날 남이의 목숨을 재촉할 줄을 그 누가 알았을까?

이시애의 난이 진압된 뒤에도 남이는 계속 눈부신 공을 세워서 스물일곱 살 나이에 병조 판서라는 높은 자리에 올랐다. 그러나 젊은 나이에 병조 판서가 되고 세조의 사랑을 받는 남이를 시기하는 사람도 많아졌다.

"남이 장군은 재주와 용맹이 뛰어나지만, 병조 판서가 되기에는 너무 젊사옵니다."

수많은 인재를 비명에 보낸 일로 마음이 아팠던 세조는 남이를 지켜 주었다. 하지만 세조는 오래지 않아 세상을 떠나고 열아홉 살의 세자가 왕위에 올랐다. 새 임금 예종은 세자 시절부터 남이를 그리 탐탁히 여기지 않았다. 이를 눈치 챈 유자광이 남이가 역모를 꾀한다고 상소를 올렸다. 궁궐을 지키던 남이가 하늘에서 떨어지는 혜성을 보고 무심코 한 말을 엿듣고 교묘히 꾸며 역모로 몰아간 것이다.

"전하, 남이는 세조께서 돌아가신 뒤 하늘에서 떨어지는 혜성을 보고

'낡은 것이 가고 새 것이 들어선다.'고 말하였습니다."

예종의 눈썹이 꿈틀하였다.

'옳거니!'

유자광은 결정적인 말을 내뱉고야 말았다.

"또한 남이가 백두산에서 지었다는 시를 보십시오. 나라를 평정하겠다는 것은 스스로 나라를 쥐어 보겠다는 뜻이옵니다. 결국 나라를 훔치겠다는 마음이 아니고 무엇이겠습니까?"

조선 시대에는 역모에 이름이 오르기만 해도 무사할 수 없었다. 조금이라도 왕권을 위협하는 일은 결코 용납되지 않았다.

남이도 예외가 아니었다. 정강이뼈가 부러지는 혹독한 고문을 당한 끝에 결국 형장의 이슬로 사라졌다. 남이의 젊음과 패기를 아까워한 많은 사람이 진심으로 그의 죽음을 슬퍼하였다.

이번에도 유자광 등은 그 공을 인정받아 높은 벼슬과 토지와 노비를 받았다. 세조가 왕이 되는 것을 도왔던 한명회, 권람, 홍윤성 같은 사람들이 공신이 된 뒤로, 비슷한 일이 있을 때마다 공신은 계속 늘어나 그 수가 100명을 훌쩍 넘었다.

예종은 채 1년도 왕위를 지키지 못하고 세상을 떠났다. 세조의 두 아들 모두 스무 살을 넘겨 살지 못한 것을 두고 세상 사람들은 아버지 세조의 업보를 자식들이 대신 갚았기 때문이라고 하였다.

자, 이제 누가 조선의 왕이 될까? 누가 그 막중한 자리에 올라 조선을 이끌어야 할까?

성종,
태평성대를 열다

세종을 닮고 싶었던 소년 국왕, 성종

"천세, 천세, 천천세~"
"새 국왕 전하, 천세, 천세, 천천세~"

　문무백관이 두 손을 하늘을 향해 들어 올리며 목청껏 외쳤다. 새 국왕, 성종의 얼굴이 밝게 빛났다. 또랑또랑한 눈망울을 가진 소년 잘산군, 그는 일찍 세상을 떠난 세조의 맏아들 의경 세자의 둘째 아들이었다.

　왕실의 가장 큰 어른인 세조비 정희 왕후가 한명회와 의논하여 잘산군을 새 왕으로 세웠다. 예종의 아들 제안 대군은 이제 겨우 두 살이었다. 굳이 순서를 따지자면 의경 세자의 맏아들 월산군이 왕위에 올라야 했지만 정희 왕후는 평탄한 왕실의 앞날을 위해 한명회의 딸과 혼인한 잘산군을 선택하였다. 한명회는 수양 대군이 왕위에 오르는 데 가장 큰 공을 세웠고, 세조가 왕위에 있는 동안 내내 권력의 꼭대기에 있었다. 잘산군은 그런 한명회의 사위였기 때문에 왕위에 오를 수 있었다.

어려서부터 대궐 밖에서 살았기 때문에 왕에게 필요한 공부가 많이 부족했지만 성종은 하루도 거르지 않고 세 차례의 경연에 참석하고 왕의 도리를 익혀 나갔다.

성종은 자신이 나타나기만 하면 나이 많은 대신들은 물론 사관들까지 모두 엎드리는 것을 보고 마음이 불편했다. 사관들은 왕의 말과 행동을 낱낱이 기록하는 사람이다.

"그처럼 엎드려 있으면 어떻게 나의 행동을 제대로 보고 기록할 수 있겠소. 이제부터 그대들은 허리를 곧게 펴고 앉아서 나의 행동과 말을 보고 듣고록 하시오."

또한 신하들을 보며 말하였다.

"경들께서도 어려워하지 마시고 나의 잘못이나 부족한 점을 바로잡아 주시오."

이처럼 성종은 훌륭한 왕이 될 만한 자질을 두루 갖추고 있었지만, 아직 어린 데다 궁궐 생활에도 익숙하지 않았기 때문에 스무 살이 될 때까지 할머니의 수렴청정을 받았다.

성종은 스스로 나랏일을 돌보기 시작하면서부터 젊은 선비들을 아끼며 곁에 두려고 애썼다. 왕마저도 마음대로 쥐고 흔들려는 한명회 같은 훈구 대신들의 입김에서 벗어나 자신이 꿈꾸는 정치를 펼치려면 새로운 사람이 많이 필요하다는 것을 뼈저리게 느꼈기 때문이다.

'내 곁에는 깨끗하고 올곧은 기개를 가진 선비들이 있어야 해. 나를 도와줄 수 있는 선비들 말이야…….'

서거정은 성종이 마음으로 아끼고 의지하던 아버지 같은 신하였다. 서거정은 세종부터 문종, 단종, 세조, 예종, 성종까지 45년 동안 여섯 왕을 모신 기록을 세웠다. 어른들도 어렵다는 어려운 책을 여섯 살 때 줄줄 읽었다는 신동으로 스물네 살에 과거에 급제하여 집현전에서 일하였다.

조선 시대에는 관리가 된 다음에도 과거를 또 치러 좋은 성적을 거두면 빠르게 승진할 수 있었다. 서거정도 서른일곱 살에 과거를 또 보아 장원 급제하였다. 승진 시험에서도 두 번이나 장원을 한 덕분에 사헌부의 우두머리 대사헌, 조선 최고의 학자가 오른다는 홍문관 대제학, 6조의 판서 자리를 모두 거쳤다.

서거정은 뛰어난 재주와 실력으로 성종을 열심히 도왔다. 특히 글 짓는 솜씨와 글씨체는 누구도 따라올 수 없을 정도로 훌륭하였다.

그래서 중요한 책을 편찬하는 국가 사업에는 늘 서거정이 있었다. 〈경국대전〉은 물론 조선 8도 방방곡곡 지형과 기후, 산물과 인물 등을 모아 실은 백과사전 지리서 〈동국여지승람〉 편찬에도 서거정의 힘이 컸다.

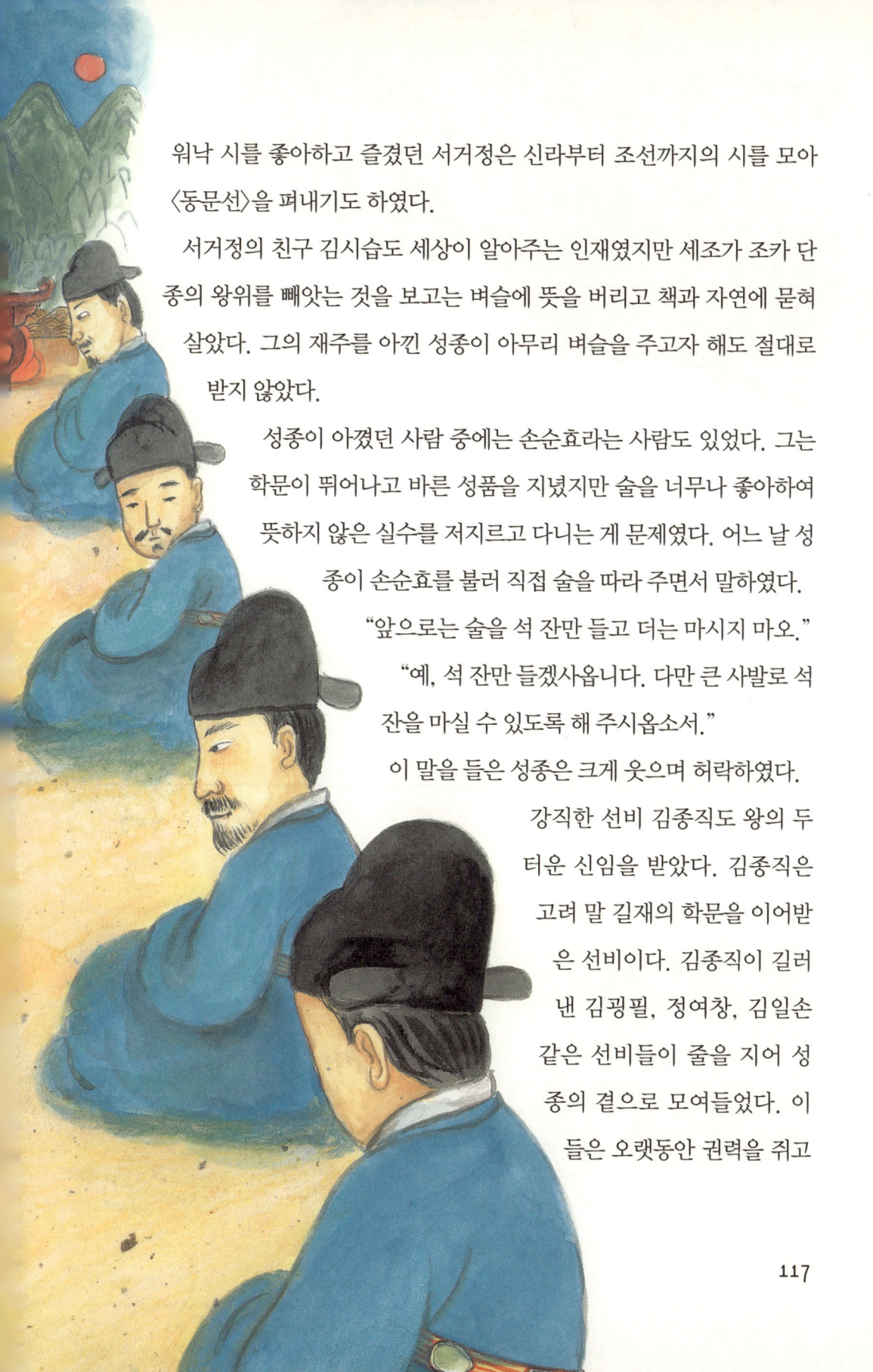

워낙 시를 좋아하고 즐겼던 서거정은 신라부터 조선까지의 시를 모아 〈동문선〉을 펴내기도 하였다.

서거정의 친구 김시습도 세상이 알아주는 인재였지만 세조가 조카 단종의 왕위를 빼앗는 것을 보고는 벼슬에 뜻을 버리고 책과 자연에 묻혀 살았다. 그의 재주를 아낀 성종이 아무리 벼슬을 주고자 해도 절대로 받지 않았다.

성종이 아꼈던 사람 중에는 손순효라는 사람도 있었다. 그는 학문이 뛰어나고 바른 성품을 지녔지만 술을 너무나 좋아하여 뜻하지 않은 실수를 저지르고 다니는 게 문제였다. 어느 날 성종이 손순효를 불러 직접 술을 따라 주면서 말하였다.

"앞으로는 술을 석 잔만 들고 더는 마시지 마오."

"예, 석 잔만 들겠사옵니다. 다만 큰 사발로 석 잔을 마실 수 있도록 해 주시옵소서."

이 말을 들은 성종은 크게 웃으며 허락하였다.

강직한 선비 김종직도 왕의 두터운 신임을 받았다. 김종직은 고려 말 길재의 학문을 이어받은 선비이다. 김종직이 길러 낸 김굉필, 정여창, 김일손 같은 선비들이 줄을 지어 성종의 곁으로 모여들었다. 이들은 오랫동안 권력을 쥐고

흔들어 온 훈구 대신들과는 달랐다. 젊고 정의로운 데다 학식도 깊었다. 가문이나 집안의 위세가 아닌 능력으로 조정에 나온 선비들이었기 때문에 자신의 이익을 챙기는 데만 눈이 벌건 훈구 대신들과는 확연히 달랐다.

성종, 도성 안팎을 몰래 살피다

아직도 캄캄한 새벽, 성종이 서둘러 일어났다.
"김 내관, 조용히 평복을 하나 가져오게. 아무에게도 알리지 말고 자네만 나를 따르도록 하라."
"전하, 또 궁궐 밖으로 나가시옵니까? 호위 군사라도 데리고 가시옵소서. 소인은 늘 조마조마합니다."
"아니다. 조용히 다녀야 백성들이 사는 모습을 제대로 볼 수 있지 않겠느냐?"
김 내관은 성종의 뒤를 따르며 흐뭇한 미소를 지었다.
'오늘은 모처럼 신하들의 아침 조회가 없는 날이라 마음 편히 쉬셔도 될 텐데…….'
성종은 평민 복장에 내관 하나만을 데리고 도성 안 백성들이 사는 모습을 보러 나가기를 좋아하였다. 글 읽는 소리가 청아하게 들리는 집이 있으면 슬쩍 손님처럼 들어가 이야기를 나누었다. 선비의 성품이 곧고 학문이 뛰어나다 싶으면 과거 시험을 보게 하여 관리로 등용하였다.

오늘도 새벽같이 대궐을 빠져나온 성종과 김 내관은 경복궁 앞 6조 거리로 걸음을 옮겼다. 이조, 호조, 예조, 병조, 형조, 공조 건물이 있는 이곳은 조선 최고의 관청 거리였다. 아침 일찍부터 붉고 푸른 관복을 입고 출근하는 관리들로 북적거렸다. 높은 관리들은 하인 네 사람이 옮기는 사인교나 외바퀴가 달린 높은 수레를 타고 출근하였다. 서거정 대감이 탄 사인교가 나타났다. 광화문 동쪽에 있는 의정부로 길을 잡은 듯하였다. 앞서거니 뒤서거니 가던 관리들이 공손히 고개를 숙여 인사하고, 근처에 있던 백성들은 땅에 엎드려 고개를 숙였다. 평복을 한 성종도 머리를 조아리며 속으로 웃었다.

'서거정 대감, 내가 여기에 있는 줄은 꿈에도 모를 거야.'

"김 내관, 숭례문 밖으로 가세."

성종은 씩씩하게 발걸음을 내딛었다. 성문을 지키는 군사들의 매서운 눈을 피하며 숭례문을 지나자 북적거리는 도성을 벗어날 수 있었다. 성 밖으로 나서자 울창한 숲과 논밭이 펼쳐진 농촌 마을 풍경이 나타났다. 도성 밖 10리까지는 '성저 10리'라고 하였는데, 이 지역은 엄연히 한성부에

속하였다. 사람들은 4대문과 4소문을 통해 도성 안을 드나들며 살았다.

김 내관이 웃으며 성종에게 아뢰었다.

"도성 안 백성들은 은근히 성저 10리 백성들을 낮추어 본답니다."

성종도 빙긋이 웃었다.

도성 밖을 흐르는 한강에는 여러 개의 나루가 있었다. 10만 명 가까운 사람이 사는 한성부에 필요한 물자는 엄청났다. 식량을 비롯한 땔감과 옷감 등 온갖 물건을 도성에서 다 만들어 댈 수는 없는 노릇이었기 때문에

전국 방방곡곡에서 배로 실어 왔다. 아침 일찍부터 배를 대고 물건을 내리는 백성들의 모습을 바라보던 성종이 말하였다.

"김 내관, 한강 나루들은 한성부를 먹여 살리는 젖줄과도 같네 그려."

"예. 새우젓이 올라오고, 쌀과 어물이 올라오고…… 이 모두가 전하께서 어진 정치를 펼치시는 덕분이옵니다."

김 내관은 혹시 누가 들을까 봐 주위를 살피며 조심조심 말하였다.

성종과 김 내관은 숭례문을 통해 다시 도성으로 들어왔다. 남산이 가까이 보였다. 남산 가까운 곳의 남촌 마을에는 낮은 벼슬을 하는 사람, 벼슬이 없는 가난한 선비, 무신 들이 주로 모여 살았다. 백성들의 집도 옹기종기 모여 있었다. 낮은 담벼락의 초가지붕이 서로 이마를 마주 대고 서 있는 남촌 마을 풍경은 기와지붕에 솟을대문이 거만하게 서 있는 북촌의 모습과 사뭇 달랐다.

경복궁 동쪽 북악산 자락에 자리 잡은 북촌은 6조 거리와 가까웠기 때문에 내로라하는 높은 관리들이 모여 살았다. 높은 담벼락, 검게 빛나는 기와지붕을 올린 집은 웬만한 사람은 바라보기만 해도 기가 꺾였다. 백성들은 북촌 마을을 벼슬이 높고 부유한 양반들이 사는 곳이라 여기게 되었다.

성종이 백성들의 집을 여기저기 살피며 물었다.

"김 내관, 혹시 초가지붕의 굴뚝에서 연기가 솟아오르는가?"

"예, 전하. 연기가 나는 것을 보니 백성들이 아침밥을 짓고 있는 모양입니다."

"백성들이 아침밥을 짓는다니 내가 밥을 먹은 듯 배가 부르구나."

두 사람은 어느덧 운종가에 이르렀다. 운종가는 한성에서 가장 큰 상점들이 모여 있는 곳이다. 고려의 도읍이었던 개경의 시전을 한성부로 옮기고, 나라에서는 운종가를 따라 가게 건물을 지어 놓고 상인들이 장사를 할 수 있도록 해 주었다. 그 대신 상인들은 나라에서 필요로 하는 물건을 세금으로 바쳤다. 비단, 포목, 해산물, 종이 등을 파는 6개의 상점이 가장 규모가 컸는데, 사람들은 이들을 6주비전, 6부전이라고 불렀다. 이곳에서 파는 물건을 다른 상인들이 함부로 사고팔았다가는 큰 봉변을 당하거나 벌을 받았다.

"아직은 한산하네 그려."

성종의 말을 김 내관이 받았다.

"예, 하지만 조금 있으면 시전이 열립니다. 그러면 손님을 끄는 여리꾼의 목소리와 물건값을 흥정하는 소리들로 시끌벅적해질 것이옵니다."

성종이 흐뭇한 미소를 띠며 말하였다.

"이제, 대궐로 돌아가세나."

성종의 걸음이 어찌나 빠른지 김 내관은 혹여 임금을 놓칠세라 허둥지둥 따라가느라 숨이 가쁠 지경이었다.

한성에는 운종가와 나란히 청계천이 흘렀다. 청계천을 따라 또 하나의 큰 길이 있었는데, 그 길을 가다 보면 광통교와 만났다. 광통교 주변에는 시전에서 장사하는 상인들이 모여 살았다. 이곳에도 닭과 달걀을 파는 가게, 머리에 쓰는 갓을 파는 가게, 갓을 만드는 데 필요한 대나무를 파는 가게가 빼곡했다. 남대문과 동대문 주변도 벼르고 별러 먼 곳에서 장보러 오는 사람들, 물건을 팔러 오는 행상들, 이들에게 음식을 파는 상인들로 북적거렸다.

궁으로 돌아온 성종이 잔잔한 미소를 지으며 말하였다.

"김 내관, 다음에는 도성 동쪽 흥인지문으로 나가 보세."

동대문 밖에는 왕이 직접 농사짓는 시범을 보이는 직전이 있었다. 이쪽 성저 10리에 사는 농민들은 직전에서 농사를 지어 종묘 제례에 쓰이는 곡식을 나라에 바쳤다.

경국대전, 30년 만에 완성되다

성종이 왕위에 오른 지 15년 되던 해, 드디어 〈경국대전〉이 완성되었다. 세조가 시작한 어마어마한 사업이 마무리된 것이다.

"오늘은 정말 감격스러운 날이오. 이제야 자자손손 우리 조선을 다스릴 법전이 완성되었소. 이 법전에 따라 경들이 더욱더 열심히 나랏일을 해 주리라 믿겠소."

영의정이 말하였다.

"예, 전하. 신의 마음도 기쁘기 한량없습니다. 죄인을 가둔 감옥에도

도량형 기구
물건의 길이, 부피, 무게를 재는 수단이나 단위를 재는 기준을 '도량형'이라고 한다. 자(아래)로 길이를 재고, 되(위)로 양을 쟀다.

꼭 의원 한 명을 정하여 두었다가 병에 걸린 죄수들을 치료해 주라는 법이 있고, 사형 죄수도 세 번에 걸쳐 재판하도록 하였으니, 백성들이 기뻐할 것입니다."

"지방 수령으로 가는 사람들은 한층 더 조심스럽게 일을 해야 할 것 같습니다. 굶어 죽는 백성들을 조정에 제대로 보고하지 않으면 큰 벌을 받게 되었습니다. 또한 아이를 낳은 어미는 죄를 지어도 100일간은 형벌을 줄 수 없도록 되어 있습니다."

"나룻배는 5년마다 수리를 해야 하고, 10년마다 새로 만들어야 한다고 분명히 법전에 적혀 있으니 이제부터는 훨씬 더 안전하게 물건을 나를 수 있게 되었습니다."

곡식과 옷감 등을 사고파는 장터에서도 새로운 광경이 나타났다.

"허허, 그 됫박이 너무 작은 거 아닌가? 나랏법에서 정한 됫박이 아닌 거 같은데, 만일 속이다가 들키면 큰 벌을 받게 되니 제대로 팔게."

"새로 정한 자로 옷감을 재서 사고, 됫박으로 곡식을 담아 사고, 저울추로 달아서 소금을 사니, 마음씨 나쁜 장사꾼에게 속을 염려가 없어서 좋구먼."

나라에서는 호패를 위조하는 사람을 특히 엄하게 다스리도록 정해 놓았다.

조선의 백성들은 〈경국대전〉 반포 이후 나랏법을 더욱 가까이 느끼며 살았다. 잘못을 벌하는 법도 있었고, 백성들이 억울한 일을 당하지 않도록 하려는 법도 있었다. 그렇지만 신분이 낮은 이들에게 법은 더욱 무섭고 엄격하기만 했다.

제도와 문물이 자리를 잡다

오늘도 어전에서 회의가 열렸다.
"자, 오늘은 어떤 일들을 의논해야 할지 말씀들을 해 보세요."
성종의 말이 떨어지기가 무섭게 의금부 관리가 분노에 찬 목소리로 아뢰었다.
"전하, 일전에 이조에서 이공이란 사람에게 회령의 관리로 가도록 명하였던 적이 있었습니다."
성종이 고개를 끄덕이며 말하였다.
"그랬지요. 그런데 얼굴에 종기가 나고 허리가 아프다고 해서 이조에서 다른 사람을 추천하지 않았소."
"그런데 여러 사람의 말을 들어 보니, 이공이란 자가 멀리 회령으로 가기 싫어서 거짓말을 한 것이었습니다. 의금부에서 이공을 잡아들여 사실을 알아낼 수 있도록 허락하여 주십시오."
성종이 얼굴을 찌푸렸다.
"선비가 거짓을 고하다니, 의금부에서 엄히 문초하여 사실을 밝히도록 하시오."
승정원의 승지가 호조 판서 쪽을 살짝 돌아보며 입을 열었다.
"경기 관찰사가 어려운

백성들에게 빌려 준 빚을 독촉하지 않았으면 한다는 상소를 올렸사옵니다."

성종이 호조 판서에게 물었다.

"그 일은 호조에서 하는 일이니, 호조 판서의 의견이 중요하겠구려. 경의 의견은 어떠하오?"

"전하, 작년에 돌려받지 못한 빚이 쌀 15만 가마인데, 지금 겨우 1만 가마만 받았습니다. 작년에는 풍년이 들었으니 조금이라도 더 거두었으면 합니다."

성종은 잠시 생각에 잠겼다. 그 동안 신하들도 경기 관찰사와 호조의 편에서 의견을 서로 주고받았다. 신하들의 의견에 귀를 기울이던 왕이 조심스럽게 입을 열었다.

"경기 관찰사는 백성을 위하여 하는 말이고, 호조 판서의 의견은 국가의 살림을 넉넉하게 하기 위해서 하는 말이니 모두 옳소. 승정원에서는 경기 관찰사에게 가난한 백성들의 빚은 독촉하지 말고, 여유가 있으면서도 내지 않으려고 하는

사람들을 잘 가려내라고 이르시오."

어전 회의는 한참이나 계속되었지만 끝날 줄을 몰랐다.

성종이 말하였다.

"요즘 올라온 상소문을 보면 지방 향교에서 학생들을 제대로 가르치지 않는다는 의견이 많소. 선생도 자리를 비우고 학생도 날마다 놀기만 한다는데, 이래서야 어찌 유능한 관리가 나오겠소. 참으로 걱정이 이만저만이 아니오."

예조의 관리가 얼굴까지 붉히며 아뢰었다.

"학교를 열고 가르치는 일은 저희 예조의 일이옵니다. 바로 잡도록 하겠사옵니다."

왕이 고개를 끄덕이는 것을 본 영의정이 말하였다.

"전하, 이간이라는 자와 그 어미가 노비를 가지고 서로 자신의 것이라고 우기며 재판을 벌이고 있습니다. 이에 대해 저희 영의정, 우의정, 좌의정이 의논을 해 보았습니다."

"오, 그랬지. 참으로 민망한 일인데 어떻게 처리하면 좋겠소?"

걱정스러워하는 왕을 바라보며 영의정이 입가에 엷은 미소를 지으며 아뢰었다.

"어미가 이긴다면, 아들 이간이 벌을 받게 되므로 문제가 없지만, 만일 아들이 이긴다면, 그 어미가 벌을 받아야 합니다. 효를 중요시하는 우리 조선에서는 있을 수가 없는 일이옵니다."

"그러면 어떻게 하면 좋겠소?"

왕이 답답한 듯 다그쳐 물었다.

"당연히 어미의 의견을 따르는 것이 옳다고 생각되옵니다."

"재판을 맡고 있는 형조에 알려 그렇게 처리하도록 하시오. 세상에 부모와 맞서서 옳고 그름을 따질 수는 없는 일이니까……."

"그리고 비록 봄이지만 겨울만큼 추우니, 옥에 갇힌 죄수들이 동상에 걸리지 않도록 하시오. 형조와 각 지역 수령들에게 나의 뜻을 전하는 전교를 내리도록 하시오."

백성을 생각하는 성종의 마음에 감동을 받아 신하들이 모두 한목소리로 말하였다.

"성은이 망극하옵니다."

병조에서 좌랑을 맡고 있는 관리가 말하였다.

"전하, 밤에 순찰을 도는 군사들에 관한 것이옵니다. 밤새도록 군사와 말이 쉬지 않고 도성의 안팎을 돌고 있어 매우 피곤해 합니다. 순번을 다시 정하여 교대로 지키도록 하면 어떻겠습니까?"

성종이 고개를 끄덕였다.

"병조에서는 군사들이 순찰을 도는 여러 방법을 찾아보시오. 옛 기록을 찾아보면 적지 않게 있을 것이오. 그 중에서 가장 적당한 방법을 찾아 다시 보고하도록 하시오."

"전하, 장문(시장)에 대하여 드릴 말씀이 있사옵니다."

"어서 말해 보시오."

"백성들이 닷새 또는 열흘에 한 번씩 모여 서로 물건을 사고파는 장문이 점점 많아지고 있사온데, 이곳에서 도적들이 훔친 물건도 많이 팔리고 있어 큰일이옵니다."

"전하, 저도 아뢰옵니다. 예로부터 농업은 먹을 것을 생산하는 정직한 일이지만 상업은 물건을 팔아 이윤을 남기는 정직하지 못한 일이옵니다. 백성들이 더 나쁜 길로 빠지기 전에 모든 장문을 없애도록 하심이 마땅할 것이옵니다."

성종은 고개를 가로저었다.

"꼭 그렇지는 않소. 흉년이 들어 물건이 부족한 지역 백성들이 서로에게 꼭 필요한 물건을 장시에서 바꾸어 가는 일은 매우 필요하오."

"전하, 신도 아뢰옵니다……."

이날 어전 회의는 끝날 줄을 모르고 계속되었다.

성균관, 조선 최고의 인재가 모이는 곳

경복궁 동북쪽 낙산 자락에 있는 성균관의 하루는 이른 새벽에 시작되었다. 옷을 맵시 있게 차려입고 검은색 관을 쓴 젊은이들이 조용히 오고 갔다. 이들의 눈빛과 말씨, 몸가짐에는 조선 최고의 인재라는 자부심이 짙게 배어 있었다.

성균관 학생들은 아침에 눈을 뜨면서부터 밤늦게까지 조선 최고의 학자들에게서 가르침을 받았다. 장차 왕이 될 세자도 나이가 차면 성균관의 학생으로 입학하는 의식을 치렀다. 성균관에 입학하려면 각 지방에서 치르는 두 번의 과거를 통과하여 생원과 진사 칭호를 받아야 했다. 과거를 한 번만 통과해도 수재 소리를 들을 정도였기 때문에 성균관에 들어간 학생들은 모든 이의 부러움을 샀다.

선비들을 가까이 두고 싶어 했던 성종은 성균관 학생들을 알뜰살뜰 챙겼다.

"성균관에서 조선을 이끌어 갈 기둥이 나옵니다. 토지를 내리고 책을 보내서 학생들이 마음 놓고 공부할 수 있도록 하시오."

성종은 각 지방의 학교인 향교에 책을 내려 보내는 것도 잊지 않았다.

성균관 학생들은 나라에 큰일이 생기거나 왕이 정치를 잘못한다고 생각하면 이를 바로잡아 달라는 상소도 올렸다. 때로는 모두 대궐 앞으로 몰려가 시위를 벌였다. 이럴 때면 사람들은 성균관 학생들 편을 들었다.

"조선 최고의 수재들이 공연히 저런 행동을 하겠어?"

"그러게. 잘못된 정치를 바로잡아야겠지."

성종은 성균관 학생들의 상소를 들어주려고 노력했지만 학생들의 생각과 실제로 나라를 다스리는 일은 다를 때도 많았다.

성균관에서 유학을 가르치던 민정이라는 사람을 쓰시마 통신사로 보내기로 했다는 소식이 전해지자, 성균관 학생들 여러 명이 상소를 올려 스승을 성균관으로 돌려보내 줄 것을 청하였다.

"전하, 외국의 사신으로 나가실 분은 조정에 많지만 성균관에서 존경받는 스승이 되는 일은 아무나 할 수 없사옵니다. 민정 스승님께서 계속 성균관에서 학생을 가르칠 수 있도록 해 주십시오."

성종은 깊이 생각하였지만, 결국 청을 들어주지 않았다.

성균관 학생들도 큰 잘못을 저지르면 벌을 받거나 쫓겨났다. 한번은 몇몇 학생이 기숙사를 쓰는 문제를 가지고 서로 다투더니 야단치는 스승에게 대들고는 성균관을 비우고 돌아가 버린 일이 있었다. 이 소식을 들은

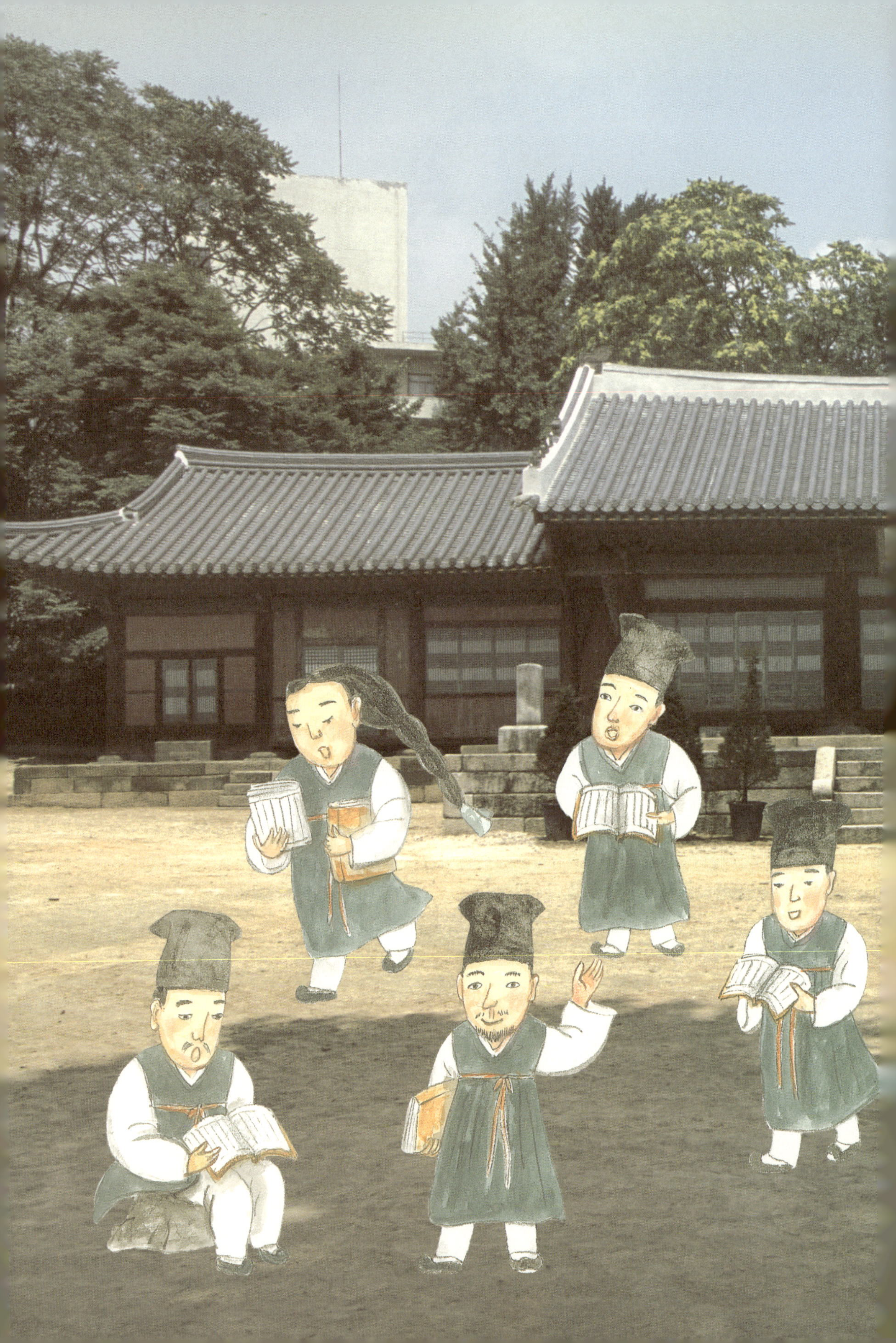

성균관
조선 최고의 학교로 대성전·명륜당·동재·서재·양현고
등의 건물이 있었다. 사진의 명륜당은 유생들이 글을 배우고
익혔던 곳이며, 대성전에는 공자의 위패를 모셨다.

성종이 크게 노하였다.

"감히 부모와 같은 스승에게 대들다니, 짐이 부끄러울 지경이오. 앞으로 이 같은 일이 또 일어나지 않도록 하려면 어떻게 해야 하겠소?"

사헌부 관리가 대답하였다.

"성균관을 비우고 나가 버린 자들에게 죄의 무게에 따라 장 60대에서 100대까지 치고, 벌금을 물려야 합니다. 또한 평생 과거를 치르지 못하도록 하셔야 합니다."

"그렇게 하도록 하시오."

성균관 학생들에게 매를 맞는 것보다 더 무서운 벌은 과거를 치르지 못하는 것이었다. 평생의 꿈을 빼앗아 버리는 일이기 때문이다.

과거 시험으로 관리를 뽑다

오늘은 창덕궁에서 대과가 있는 날이다. 대과는 관리가 되기 위한 마지막 관문이었다. 변계량과 성삼문, 신숙주 등 조선을 이끌어 온 뛰어난 사람들 대부분은 대과 시험을 통과한 인재였다. 조선 8도의 인재들 중 여러 차례 예비 시험을 통과한 33명이 왕과 시관들이 지켜보는 가운데 유교 지식과 문장을 겨루었다.

이들 중에 경상도 청도에서 올라온 26세 청년 김일손도 있었다. 김일손은 몇 달 전 예비 시험인 사마시를 장원으로 통과한 수재였다. 사마시에 합격한 덕분에 김일손은 원하기만 하면 성균관에 들어가 공부를 할 수도 있었고 대과를 볼 수도 있었다.

'다섯 살 때 처음 한자를 배워, 지금까지 20년이 넘도록 유교 경전을 공부한 결과를 오늘에야 보게 되었구나.'

 김일손은 감개무량하였다.

 오늘 시험은 예조의 관리들이 직접 진행하였다. 드디어 과거 시험 문제가 높다랗게 내걸리고, 휘리릭 두루마리가 풀렸다. 33명의 눈길이 일제히 쏠렸다.

 "아차, 미처 생각지 못한 문제가 나왔네."

 "음, 어떻게 답안을 쓰지?"

 여기저기서 낮은 탄성과 한숨 소리가 들렸다. 김일손도 시험 문제를 읽었다.

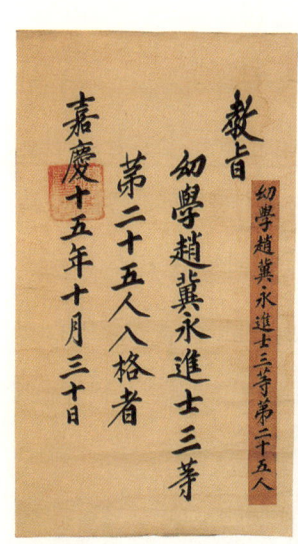

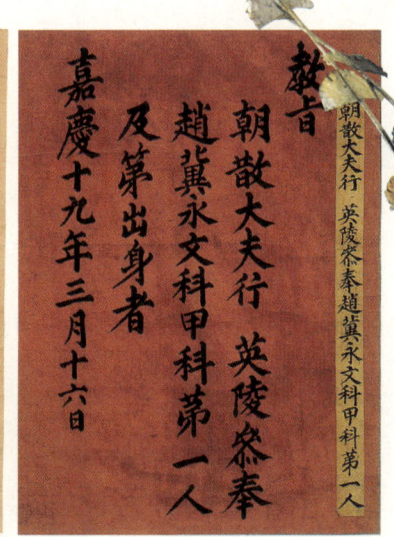

홍패와 백패
과거 합격 증서인 홍패(우)와 백패(좌)이다.
진사와 생원을 뽑는 소과 합격자, 무과 초시 합격자에게는
흰색의 백패를, 문과와 무과의 대과 합격자에게는
붉은색의 홍패를 주었다.

어사화
조선 시대 문·무과에 급제한 사람에게
임금이 내리던 종이꽃이다.

옛날부터 제왕이 떨쳐 일어날 때는 500명의 군사로도 충분히 천하를 손에 넣어 나라를 세우는 큰일을 이루어 낼 수 있었다. 그런데 제왕을 이은 후대 왕들이 나라를 지켜 내지 못하고 점차 약해지고 말았다. …… 옛 중국 하나라의 소강, 주나라 선왕, 후한 광무제, 당나라 숙종은 이미 약해진 나라를 다시 일으켜 세웠다. 이들은 어떻게 나라를 다시 번영하게 만들었을까?

김일손의 입가에 살짝 미소가 스쳤다. 약해진 나라를 부강하게 만드는 정치에 대해서 평소 깊이 생각해 왔기 때문이다.

김일손은 무릎을 꿇고 조용히 먹을 갈았다. 묵향이 코끝에 향기롭게 맴돌았다. 잠시 눈을 감고 생각을 가다듬었다. 이윽고 가늘게 눈을 뜨더니 붓에 먹을 듬뿍 묻혔다. 잠시의 망설임도 없이 흰 종이 위에 글을 써 내려갔다. 붓끝에서 나오는 검은 글씨가 힘차게 살아 움직이는 듯하였다. 김일손은 첫 번째로 답안지를 내고 나왔다.

다음 날 아침, 대과의 결과가 발표되었다. 김일손은 2등이었다. 사람들은 김일손이 1등을 할 것이라고 생각하였다가 깜짝 놀랐다. 김일손이 써 낸 답안지의 문장은 누구도 흉내 낼 수 없을 만큼 화려하고 능숙하였다. 김일손이 품고 있던 생각도 뛰어났다. 모든 시관이 김일손을 1등으로 꼽았지만 제일 높은 시관이던 이극돈이 기필코 반대하였다. 과거 시험 답안지를 쓸 때 지켜야 하는 격식을 조금 어겼다는 것이 이유였다.

이처럼 3년에 한 번 치르는 식년시 외에도 나라에서는 과거 시험을 자주 실시하였다. 왕자가 태어나는 등 경사가 났을 때는 별시, 새 국왕이 등극하면 증광시를 치렀다. 직접 성균관 학생만을 위한 알성시를 국왕이 열기도 하였다. 병들었던 왕이나 왕족이 쾌차 했을 때, 외적을 물리쳐 난리가 끝났을 때도 과거를 치렀다.

하지만 갑자기 과거가 치러진다는 소식을 알 길 없는 지방 선비와 학생들은 응시할 기회조차 얻기 어려웠다. 김일손이 살았던 청도에서 한성까지도 걸어서 꼬박 보름이 걸렸다.

무예를 시험하여 장교를 뽑는 무과도 3년에 한 번씩 열렸다. 잡과를 실시하여 중국이나 일본으로 가는 사신을 돕는 통역관을 선발하였고, 의술을 시험하여 전의감에서 일할 의원도 뽑았다. 형조에서 법률 문서를 다룰 사람, 관상감에서 천체를 관측하는 일을 할 사람도 잡과를 통해서 뽑았다.

궁 밖으로 쫓겨나는 왕비

성종은 백성과 신하들에게는 어질고 현명한 왕이었다. 하지만 남편과 아버지로서는 그리 행복하지 못했다. 왕이 되기 전에 맞아들였던 첫 번째 부인은 한명회의 딸이었는데, 궁궐에 들어온 지 4년 만에 병들어 죽었다. 조정 신하들은 전국에 금혼령을 내리고 처녀를 간택하여 새로운 중전을 맞아들일 것을 청하였다. 그러나 성종은 이미 아들을 낳은 후궁 윤씨를 중전으로 삼고 싶었다. 왕비를 뽑는 동안 일반 백성들이 시집 장가를 가지 못하는 등 번거롭고 폐해가 많다면서 극구 반대하였다.

드디어 성종의 사랑을 받던 후궁 윤씨가 중전이 되었다. 그러나 중전 윤씨는 오랫동안 중전의 자리에 있지 못하고 궁 밖으로 쫓겨났다. 다른 후궁들을 질투하고 왕에게 거짓을 고하였으며 요망한 일을 서슴없이 하였다는 것이 이유였다. 무엇보다 성종의 어머니인 인수 대비가 보잘것없는 집안 출신인 며느리 윤씨를 미워하였다. 윤씨의 인품을 칭송하면서 쫓아내는 데 반대하는 신하들도 있었지만, 이름난 효자였던 성종은 어머니의 뜻을 거스르지 못하였다. 결국 윤씨는 폐비가 되어 쫓겨나고, 또 다른 후궁 윤씨가 중전이 되었다.

대궐 밖 친정으로 쫓겨간 윤씨는 끼니도 잇기 어려울 정도로 힘들게 살았다. 언젠가는 궁에 두고 나온 아들을 만날 수 있으리라는 실낱 같은 희망을 마음에 품으며 조심스럽게 하루하루를 보냈다. 게다가 그 아들은 장차 왕이 될 수도 있는 귀한 몸이 아니던가? 바로 그 때문에 윤씨가 다시 왕비가 될까 봐 두려웠던 사람들이 폐비 윤씨의 소식을 묻는 성종에게 거짓을 고하였다.

"폐비 윤씨는 날마다 곱게 화장하고 화려한 옷차림을 하고 있습니다. 그리고 전하를 원망하면서 원자가 왕이 되면 원수를 갚겠다고 한답니다."

"무엇이라고? 이런 괘씸한……."

얼마 후 대궐에서 윤씨 집으로 사람들이 갔다. 윤씨가 기다린 기쁜 소식이 아닌 사약 사발을 들고. 폐비가 된 뒤에도 잘못을 반성하지 않고 임금을 원망한다는 것이 죄명이었다. 폐비 윤씨는 억울하게 죽어 가

면서 사약을 마시고 토해 낸 핏자국이 선명한 수건을 어머니에게 주며 당부하였다.

"훗날 원자가 임금이 되면 이 수건과 함께 제 억울한 죽음을 알려 주세요."

성종은 대궐 안 그 어느 누구도 원자에게 친어머니 이야기를 하지 못하도록 엄하게 금지령을 내렸다. 폐비 윤씨의 뒤를 이은 정현 왕후를 친어머니로 알고 자란 원자는 열 살이 될 무렵 세자 자리에 올라 본격적으로 왕이 될 준비를 시작하였다. 일부 대신들은 윤씨의 아들이 세자가 되지 못하게 하려고 온갖 일을 꾸몄지만 성종은 원자를 세자로 삼고 끝끝내 지켜 주었다.

왕비를 쫓아내는 비극이 일어났지만 어진 국왕 성종이 이끄는 조선은 평화로웠다. 백성들은 태평성대를 노래하고 모든 것이 풍성하고 아름다웠다.

떨잠
왕비의 머리 앞 중심과 양 옆에 꽂는 꾸미개이다. 움직일 때마다 장식이 떨리기 때문에 붙여진 이름이다.

세계 속의 한국

〈칠정산〉을 만든 조선의 힘

아주 까마득한 옛날부터 사람들은 밤하늘의 별자리를 관찰하였다. 오랫동안 관찰을 거듭하다가 아주 중요한 사실을 깨달았다. 계절에 따라 보이는 별자리가 달라진다는 사실과 초저녁과 한밤중, 새벽녘의 별자리 위치가 다르다는 사실을 발견한 것이다. 사람들은 별자리를 관찰하면서 시간을 계산하는 법도 깨달았다.

사람들은 달의 변화도 유심히 관찰하였다. 초승달이 아주 천천히 차올라 둥근 보름달이 되었다가 그믐달이 되는 데 29.5일 정도가 걸린다는 사실을 알아낸 뒤, 달의 모양 변화를 보면서 1달을 계산하고 1년의 길이를 재게 되었다. 계절에 따라 조금씩 달라지는 태양의 움직임도 유심히 관찰하였다. 천체의 움직임을 바탕으로 시간을 재고, 달력 제작에 필요한 계산법을 만들었으니, 이를 역법이라고 한다.

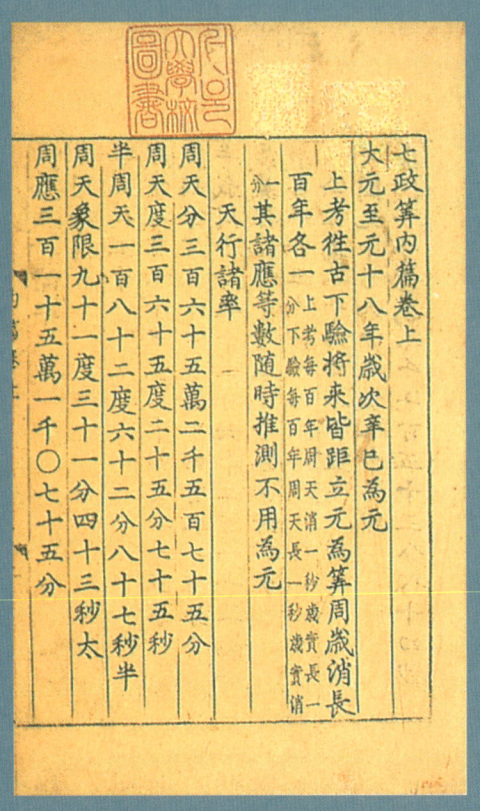

지금까지 지구상에는 숱하게 많은 나라들이 생겼다가 사라졌고 많은 민족들이 찬란한 문화를 일구었지만 자신들만의 역법을 가지고 달력을 만들었던 예는 많지 않았는데 그 중에 조선이 있었다.

세종 때 만들어진 〈칠정산〉이 바로 조선의 역법서이다. 농업 국가인 조선에서 백성들에게 정확한 농사 절기를 알려 주는 것은 왕의 중요한 의무였다. 그 때까지 사용하던 중국의 역법은 조선의 절기와 잘 맞지 않았다. 중국의 역법은 북경에서 천문을 관측한 결과로 만들어졌기 때문이다. 그래서 세종은 천재 과학자 장영실을 비롯해 정초, 이순지 등을 모아 조선만의 독자적인 역법을 만들기로 결심했다. 조선의 도읍인 한성에서 간의와 혼천의

칠정산
조선의 독자적인 천문 달력 체계를 담은 역법서.
세종 대왕 시기에 만들어졌다.

등 관측 기구들로 천체를 관측한 결과 한성의 북극 고도(위도)에 따른 칠정(해·달·수성·금성·화성·토성·목성)의 운행 궤도와 주기가 밝혀져 마침내 〈칠정산〉이라는 역법서가 완성되기에 이르렀다.

그러나 〈칠정산〉이 나오는 데는 중국 역법인 〈수시력〉과 이슬람의 역법인 〈회회력〉이 큰 영향을 주었다. 훌륭한 두 역법을 완벽하게 이해하여 조선의 필요에 맞도록 새로운 역법을 만들어 낸 능력, 이것이 바로 우리의 문화를 풍성하게 가꾸어 온 진정한 힘이었다.

간의
해시계·물시계·혼천의와 함께 조선의 천문대에 설치되었던
중요한 관측 기기로 오늘날의 각도기와 비슷한 원리를 가지고
있었다. 원나라의 곽수경이 만들었다는 간의를 참고하여
만들었다.

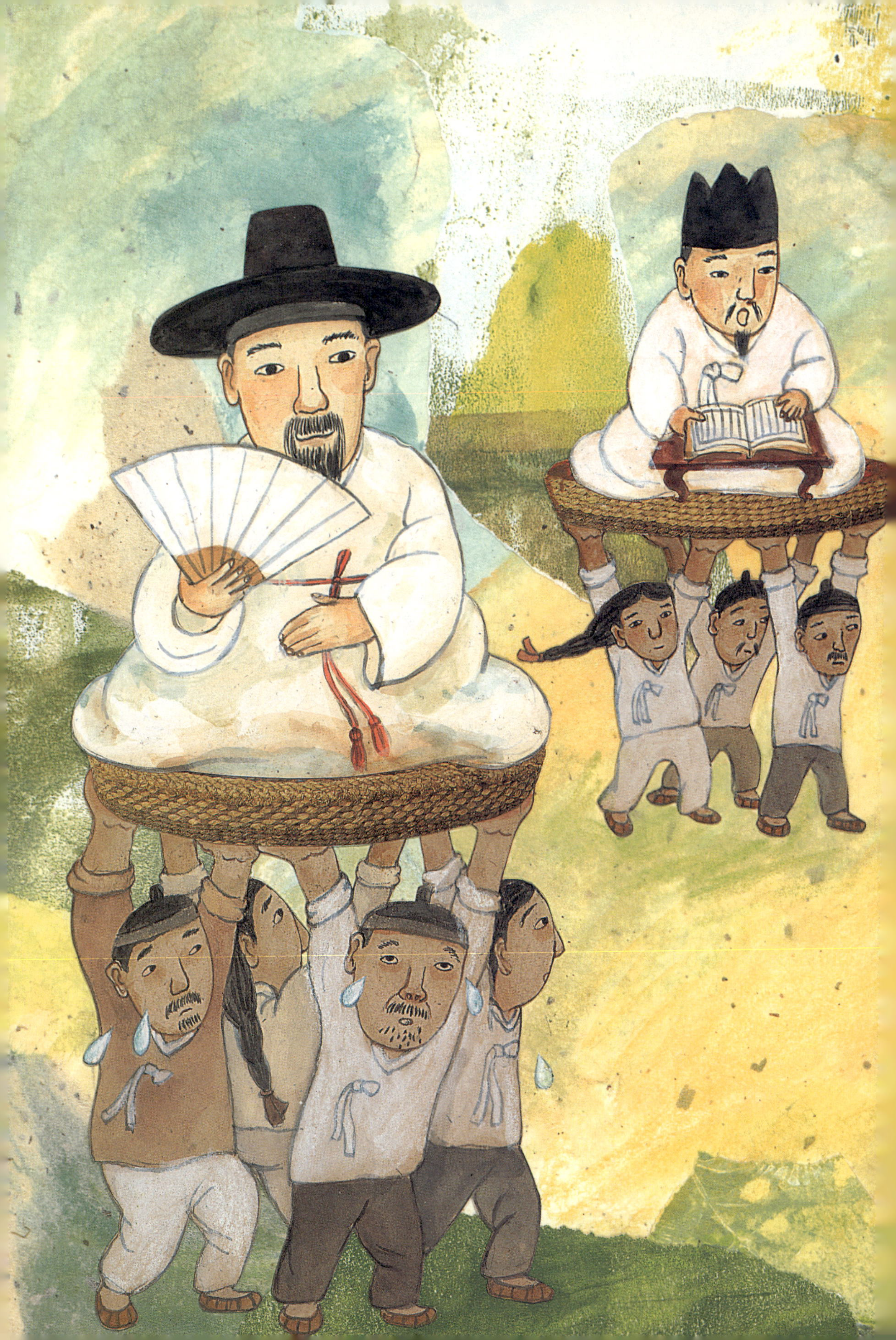

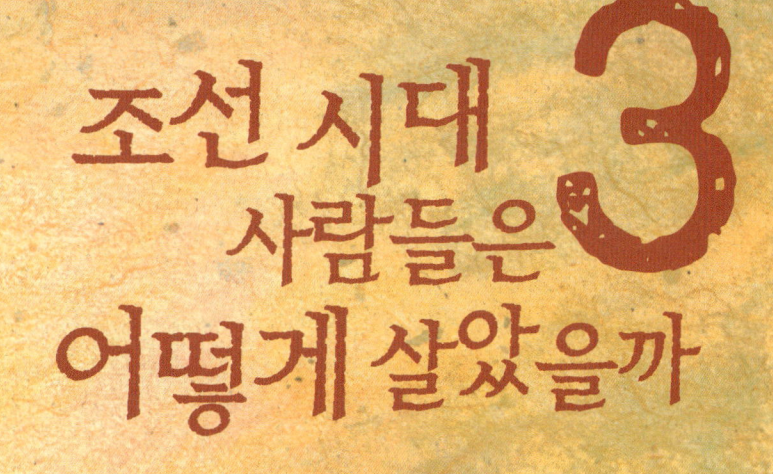

조선 시대 사람들은 어떻게 살았을까 3

1413년 전국을 8도로 나누고 지방 제도를 정비하다.
1431년 맹사성 등이 〈삼강행실도〉를 편찬하다.
1444년 〈칠정산 내외편〉을 간행하다.
1460년 충청·전라·경상도 백성 4500호를 북방으로 옮겨 살게 하다.
1494년 쌀값이 오르자 전국의 가난한 백성들이 봉기하다.
1500년 과부의 개가를 금지하다.

하늘은 모든 사람을 귀하게 냈다고 했다.

백성들의 마음은 하늘의 마음이라고도 했고,

임금님은 만백성의 어버이라고도 했다.

하지만, 조선 8도에서 신분을 가르는 국법은 하늘만큼 지엄하였다.

누구는 태어날 때부터 귀한 몸이고,

다른 누구는 어미 뱃속부터 고된 일만 하도록 정해진 몸이며,

또 다른 누구는 소나 말처럼 시장에서 팔려 나갈 운명으로 태어났다.

푸른 대나무가 병풍처럼 둘러싸인 기와집에서

비단 강보에 싸인 아이와

허름한 초가집 흙바닥 짚자리 위에 누운 아이는

한날한시에 태어났어도 같은 미래를 꿈꿀 수 없었다.

비단 강보에 싸인 아이는 붉은 관복을 입고

세상을 호령하는 꿈을 꾸었지만,

짚자리에 누운 아이는 배곯지 않고 사는 것이

간절한 소망이었다.

뼈 빠지게 거둔 곡식, 낱알 세어 거둬 가고

명목도 없는 갖가지 세금에 허리 펼 날 없고

고관대작 지나는 행차에 집안 쌀독 바닥나고

주인 대신 매 맞아 여린 살이 터져도

그들은 질기게 하루하루를 살아갔다.

바로 그들은 조선을 일군 사람들, 조선의 백성들이었다.

어진 임금 아래
어진 수령

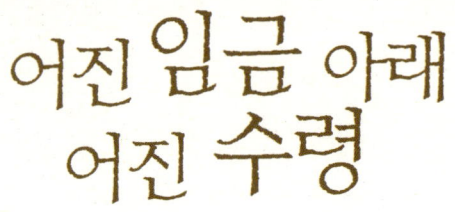

어진 마음으로 백성을 다스려야

"오늘이 새 수령께서 오시는 날이지?"

"지난번 사또 나리는 고을 백성을 끔찍하게 아껴 주셨는데, 하늘도 무심하시지 병을 얻으실 게 뭐람. 쯧쯧……."

"이번에 오시는 사또 나리는 과거에 급제하신 젊은 분이라며?"

충청도 어느 작은 현이 아침부터 술렁거렸다. 새로 부임하는 현감을 맞이하는 마을 사람들은 잔뜩 기대를 품은 듯하였다. 사람들은 현감을 수령 또는 사또라고 불렀다. 어른들이 주고받는 이야기를 듣고 있던 아이들도 덩달아 신이 났다. 무명 홑바지를 걸치고 발에 겨우 걸리는 짚신을 끌

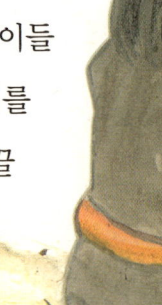

면서 아이들은 마을 어귀로 내달렸다.

저 멀리 실개천 너머로 깃발들이 펄럭였다. 새 현감의 행렬이 마을에 가까워졌다. 말 위에 앉은 현감이 지나갔다. 멀리까지 현감을 마중 나갔던 사람들, 호위하는 포졸들이 그 뒤를 따랐다. 행렬은 읍성을 향하였다. 읍성 안에는 고을 수령이 일을 보는 관아가 있었다. 관아에서 일하는 사람들의 집도 옹기종기 모여 있었다. 읍성을 둥글게 에워싼 성벽에는 혹시나 있을지도 모를 외적의 침입에 대비하기 위해 지은 누각들이 있었다.

"이제야 당도했구나."

관아에 도착한 조 현감은 옷매무새를 가다듬고 바로 객사로 갔다. 관아 안쪽에 자리 잡은 객사는 관아에서 가장 크고 장중한 건물이다. 객사에는 국왕의 궐패(국왕을 상징하는 글자를 새겨 넣은 나무패)가 모셔져 있었다. 조 현감은 먼저 궐패를 향해 큰절을 올렸다.

"전하, 온 힘을 다하여 지방관으로서의 제 임무를 수행하겠습니다. 어진 마음으로 백성을 다스리고 바르게 살도록 이끌어 전하의 성덕이 빛나도록 하겠습니다."

고을 수령은 처음 부임하거나 떠날 때 객사에 모셔진 국왕의 궐패에 문안 인사부터 올렸다. 매달 초하루와 보름에도 멀리 국왕이 계신 대궐을 향해 예를 올렸다. 이 의식은 수령이 국왕의 위엄을 대신하여 고을과

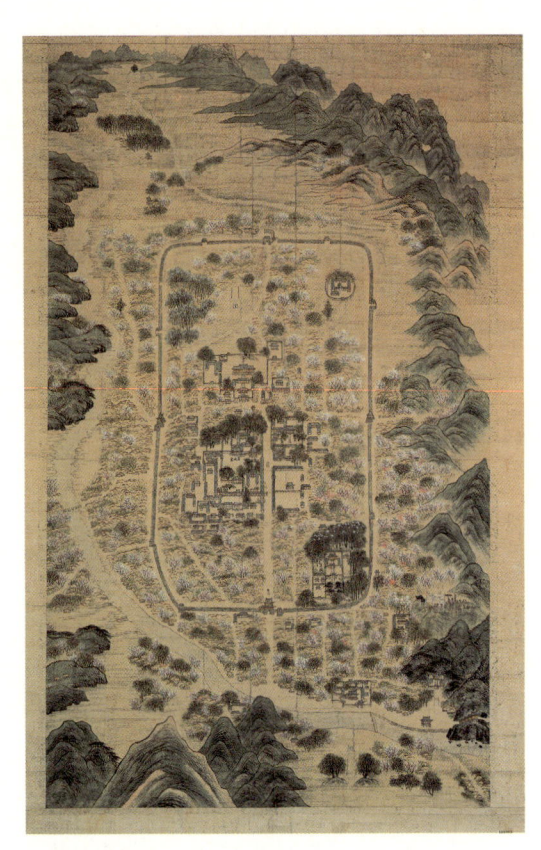

수령을 위한 지도
수령은 고을의 형편을 기록한 지도를 그림으로 그리게 한 뒤 자신의 자리 바로 뒷벽에 붙여 두고 살펴보았다. 이 사진은 18세기의 전주부 지도이다.

백성을 다스린다는 뜻이었다.

객사 건물의 양쪽에는 작은 방이 하나씩 있었는데, 왕의 명령으로 지방에 내려온 관리나 암행어사가 묵었다. 그들의 임무는 수령이 백성을 위한 정치를 잘하는지 살피는 것이었다.

"이방, 동헌으로 가서 우리 고을의 살림살이가 어떠한지 알려 주시오."

"오늘은 부임 첫날이니 조금 쉬시는 게……."

이방이 말을 끝내기도 전에 조 현감이 말을 받았다.

"나라의 녹을 받는 관리가 되어 나의 편안함만 찾아서야 되겠소? 호방, 형방, 공방에 심부름하는 통인과 사령들까지 모두 동헌으로 모이도록 하세요."

조 현감은 고을에서 일하는 향리들을 모두 불렀다. 난생 처음으로 와 보는 고을에서 수령의 임무를 제대로 수행하려면 향리들과 잘 지내는 것이 중요했다. 수령이야 2~3년, 길어야 5년이면 임기를 마치고 떠나지만, 향리들은 조상 대대로 뿌리를 내리고 살아왔기 때문에 고을 사정을 제 손바닥 들여다보듯 했다. 밤늦도록 동헌에서 일을 하던 조 현감은 수령의 어려움을 노래한 고려 사람 이규보의 시를 떠올렸다.

수령살이를 즐겁다고 말하지 마소.
수령살이 오히려 근심뿐이라.
공판정은 소란하기가 시장 바닥 같고
소송장은 산더미같이 쌓여 있네.
가난한 마을에 가서 모진 세금 거두고
감옥에 넘치는 죄수들을 가엾이 보느라고
언제 한번 웃어 보지도 못하는데
어찌 마음 놓고 노닐 수 있으랴.

동헌에서 열린 재판

"에휴~ 내일 재판은 한참 걸릴 것 같네."
 "그러게 말일세. 준비해야 할 것은 왜 이리 많은지……."
 형방과 호장이 동헌 근처 질청에서 내일 열릴 재판을 준비하고 있었다. 술에 취한 아들이 아버지를 때린 사건도 있었고, 콩을 훔쳐 갔다고 싸우는 농민들에게도 공정한 판결을 내려주어야 했다. 또한 남의 선산에 몰래 묘소를 쓴 양반, 노비 하나를 두고 서로 자기 것이라고 다투는 사람들의 재판도 준비해야 했다. 빌려 준 돈을 돌려받도록 해 달라는 호소도 끊이질 않아 형방과 호장이 해야 할 일은 끝이 보이지 않았다. 농사일로 바쁠 때는 재판을 하지 않기 때문에 추수가 끝난 이맘때가 되면 억울함을 호소하는 고을 사람들로 관아가 소란스러워졌다.
 호장은 글을 쓸 줄 모르는 복돌 아범의 소송장을 대신 썼다. 소송장을 만드는 데 필요한 종이는 공들여 만든 고급 종이였기 때문에 아주 비쌌다. 그래서 가난한 백성들은 제대로 된 재판을 받기도 쉽지 않았다.

"우리 같은 향리들에게 좋은 시절은 다 갔지……."

두 사람의 집안은 오래전 고려 때부터 이 고을에 살며 대대로 향리로 일하였다. 아주 큰 고을에만 수령이 있었던 고려 시대에는 주변 고을까지 쥐락펴락할 수 있는 제법 큰 힘이 있었다. 향리 집안은 고을의 명문이었고, 혼인도 향리 집안끼리만 했다. 그런데 조선이 들어서면서 모든 고을에 수령이 파견되자 향리들은 수령을 돕는 위치로 떨어지고 말았다.

"그래도 우리 같은 향리가 없으면 고을이 제대로 돌아갈 수 없을걸?"

호장이 어깨를 죽 펴며 말하였다.

다음 날 아침, 복돌 아범은 일찍 집을 나서 관아로 발걸음을 재촉하였다. 복돌이네는 얼마 전에 헛간에 두었던 콩 반 가마니를 도둑맞았다. 텃밭에 심어 바쁜 농사일 틈틈이 자식처럼 돌보며 기른 콩이었다. 소중한 식량을 잃고 그대로 있을 수 없어 관아에 고하였더니, 윗마을 몽이 녀석이 범인으로 잡혔다는 소식이 들렸다.

읍성 문을 통과하였지만 재판이 열리는 동헌까지는 너무나 멀었다. 홍살문을 지나 부지런히 걸으면 다락문이 나오고, 한참을 걸으면 내삼문이 나왔다. 다시 오르막길을 숨차게 달려가야 동헌이 있었다. 굳은 표정의 문지기들을 만날 때마다 덜컥 겁이 났다.

"그래도 사또 나리를 뵙고 재판을 받으려면 이 정도의 시간과 정성은 들여야지."

"복돌 아범~"

사령이 크고 긴 소리로 불렀다.

복돌 아범은 동헌 뜰에 엎드렸다. 어느새 몽이 녀석도 끌려나왔다. 섬돌에는 무시무시한 사령들이 버티고 서 있었다. 조금 더 높은 곳에 형방 등 향리들이 서 있고, 제일 높은 동헌 마루에 사또께서 계셨다. 복돌 아범은 고개를 들어 조 현감을 우러러보았다.

'콩을 되찾을 수 있어야 할 텐데…….'

결국 복돌 아범은 콩을 돌려받았고, 죄를 인정한 몽이는 20대의 태형을 받았다. 태형은 가느다란 나무 막대기로 죄인을 때리는 벌이었다.

하지만 잘못을 저지르고 재판을 받은 죄인 모두가 똑같이 벌을 받는 것은 아니었다. 아랫마을 이 진사의 막내아들은 남의 소를 몰래 훔쳐 팔고도 할아버지가 한성에서 높은 벼슬을 지낸 덕분에 옥에 갇히지 않았다.

그 집 노비가 주인 대신 갇혔다. 재판을 받으러 관아를 드나드는 것도 노비가 대신 했고 매도 대신 맞았다. 양인 백성과 양반 사이에 다툼이 생기면 누가 뭐래도 양반이 유리하였다. 똑같은 죄를 지으면 신분이 낮을수록 더 심한 벌을 받는 것이 세상 이치였다.

맹사성을 만나려다 혼이 난 현감

충청도 관찰사가 고을에 온다는 전갈이 왔다. 조 현감은 몇몇 향리와 마을 밖 10리까지 마중을 나갔다.

"어서 오십시오. 관찰사 어른."

"오, 조 현감. 그래 수령은 할 만한가? 내 며칠 머물면서 고을 살림을 좀 살펴보고 주상 전하께 보고를 올려야겠네."

관찰사가 고을에 머무는 동안 함께 온 일행까지 극진히 대접하느라 조 현감과 향리는 물론 관아의 노비들까지 쉴 새 없이 바빴다.

한성의 높은 관리가 잠시 지나간다는 소식만 들어도 수령을 비롯한 고을 사람들은 마을 어귀까지 나가 인사를 하였다. 사신이 오고가는 길목에 있는 고을의 수령과 백성들은 1년에도 몇 번씩 수백 명이나 되는 사신 일행을 보살피고 식사를 대접하느라 등골이 휠 지경이었다.

어느 날 조 현감은 좌의정 맹사성 대감이 온양으로 가는 길에 이웃 고을을 지나갈지 모른다는 소식을 들었다. 이웃 고을 양 현감도 맹 정승이 지나간다는 소식을 들었다. 효성이 지극한 맹사성은 늙은 어머니가 계신 온양에 자주 다니러 갔는데 신기하게도 그가 지나가는 것을 보았다는 사람이 아무도 없었다.

양 현감이 무릎을 탁 쳤다.

'옳거니, 마침 잘되었군. 어떻게든 맹 정승을 모셔 와서 대접해야지. 극진히 잘 모시면 나중에 출세하는 데 도움을 받을 수 있을 거야.'

양 현감은 관아 사람들을 모두 불러 모아 호령하였다.

"오늘 맹 정승이 지나가신다니, 복장을 깨끗이 하고 말과 행동을 조심하여라. 맹 정승을 모셔 올 테니 정성껏 음식을 장만하도록 하라."

관아에서는 작은 난리가 났다. 잔치 음식을 장만하느라 바쁘게 움직이고, 몇몇은 수레에 빈 자루를 싣고 나가서는 백성들의 집을 돌아다니며 필요한 물건을 빼앗다시피 가져갔다.

그 시간에 양 현감은 맹 정승이 올 때를 기다리며 장호원 길목을 지켰다. 장호원에는 나라에서 세운 여관이 있었다. 나랏일로 여행하는 사람들을 위한 숙소가 있는 고을 이름에는 '원'이 들어갔다. 이곳에서는 말을 바꾸어 탈 수 있었다. 한성에서 조선 8도 방방곡곡으로 뻗어 나간 길을 따라 역원을 두었다.

송 현감도 고을 일을 제쳐 두고 맹 정승을 만나러 나왔다. 둘이 한참을 기다려도 맹 정승의 행차는커녕 사람 그림자도 보이지 않았다.

'한 나라의 정승 행차이니 따르는 무리가 수십 명은 넘을 텐데…… 혹시 오시는 길에 다른 수령을 만나셨나? 여러 고을에서 으리으리한 대접을 받으시느라 오늘은 안 오시는 건가?'

날이 저물 무렵, 딸랑딸랑 방울 소리가 들렸다. 웬 초라한 노인이 소를 타고 나타났다. 송 현감이 그 노인을 가리키며 말하였다.

"저런 버릇없는 늙은이를 보겠나. 저 늙은이가 감히 건방지게 우리 앞에서 소를 타고 가고 있네."

양 현감은 그 말을 듣자 마자 노인에게 호통을 쳤다.

"당장 내려서 걷지 못하겠는가? 어디 무례하게 현감 앞에서 소를 타고 가느냐?"

노인은 들은 척도 하지 않고 소 궁둥이를 철썩철썩 때리며 갈 길을 재촉하였다.

"여봐라, 저 늙은이를 막아라!"

양 현감이 호령하자 사람들이 우르르 달려들어 소 앞을 막아섰다.

"현감께서 내리라고 하시는데 귀가 먹었소? 어서 내려와 무릎을 꿇으시오."

노인은 소 등에서 내려오지 않은 채 고개를 돌리며 말하였다.

"나는 온양에 사는 맹꼬불이오. 내가 소를 타고 가는 것이 잘못되었소?"

양 현감이 노인을 놀렸다.

"늙어서 꼬부라졌다는 뜻이냐? 에이, 그냥 보내줘라. 곧 황천길로 갈 늙은이를 잡아서 무엇하겠느냐."

노인이 탄 소가 눈에 보이지 않을 만큼 멀어졌을 때, 한 사람이 급하게 달려왔다.

"사또, 말씀 드리기 황공하오나 방금 지나간 분이 맹 정승이시랍니다."

"뭐라고? 맹 정승?"

"맹 정승 대감의 호가 고불이랍니다. 미천한 백성들이 그 분의 호를 꼬불이라 부른다는데, 정승께서 꼬불이라는 이름을 좋아해서 그렇게 말씀하고 다니신답니다."

"아이고 이를 어쩌나. 나는 쫄딱 망했네."

"벼슬이 아니라 목이 달아나게 생겼다."

두 사람은 체면이고 뭐고 다 집어던지고 소를 타고 간 맹 정승을 따라 정신없이 달려갔다. 맹 정승은 자기 때문에 백성들에게 부담이 갈까 봐 소를 타며 혼자서 다녔던 것이다. 사람들이 혀를 찼다.

"쯧쯧, 출세 한번 해보려다 벼슬 떨어지게 생겼네."

"천하의 맹 정승께서 백성을 괴롭히는 저런 수령들을 용서하실 리가 없지."

농민은
나라의 근본

봄에는 씨앗 뿌리고 여름에는 김을 매고

"아버지, 여기가 우리 새 논이에요?"

열 살 난 복돌이의 목소리에 생기가 넘쳤다.

"그렇단다. 가을에 추수해서 우리 복돌이 맛있는 쌀밥 먹게 해 주마."

"이야~ 신난다!"

이른 봄날 아침 복돌 아범은 아이들을 데리고 새로 소작을 부치게 된 논으로 갔다. 복돌이네는 할아버지 때부터 물려받은 논과 밭이 있지만 그것만으로는 살림이 넉넉하지가 않았다. 그래서 올봄부터 개울 건너 김 진

사 댁 논 두 마지기를 빌려 농사짓게 된 것이다. 멀리서 사람들이 몰려오는 소리가 흥겹게 들렸다.

"볍씨 여기 있소. 거름에 잘 버무린 볍씨가 두 지게 가득이니 풍년 농사 한번 지어 보세."

김 진사 댁에서 보낸 볍씨를 지고 온 귀동 아저씨가 지게를 내려놓았다.

겨우내 얼어붙은 논을 쟁기질로 갈아엎고, 흙덩이를 부수어 보드랍게 써레질한 논에 볍씨가 골고루 뿌려졌다. 땅 주인 김 진사가 씨앗을 대고 복돌이네가 열심히 농사지어서 가을에 수확을 하면 반씩 나누게 될 터였다. 올해 열일곱 살이 된 복돌이 형은 깡마른 체구에 키도 작았지만 벌써 야무진 농부다웠다. 볍씨 바구니를 번쩍 들어 옮기는 팔뚝에는 굵은 힘줄이 섰다. 복돌이네와 마을 사람들은 정성껏 볍씨를 뿌리면서 올해 농사가 잘되기를 빌었다. 복돌이는 볍씨 위로 흙을 덮고 살살 눌러 주었다.

봄이 되면 마을 여자들은 누에를 치고 목화씨도 뿌렸다. 누에알을 부화시켜 누에섶(집)을 만들어 주고 매일매일 신선한 뽕잎을 따다가 먹였다. 푹푹 찌는 여름이 지나고 살이 토실하게 오른 누에가 제 몸에서 실을 뽑기 시작하였다. 그 실로 제 몸을 돌돌 감아 고치를 짓고 안에

서 잠이 들면, 어머니는 고치를 풀어 내어 비단실을 만들었다.

볍씨가 거의 다 뿌려질 무렵 복돌이가 신이 나서 외쳤다.

"아버지, 새참이 와요."

바쁜 어머니 대신 열다섯 살 난 복돌이 누나가 커다란 대광우리에 새참을 가지고 왔다. 일손을 멈춘 사람들이 막 딴 오이를 안주 삼아 막걸리를 들이키며 땀을 식혔다. 오늘 새참은 풍년을 소망하는 사람들의 마음처럼 정말 푸짐하였다.

시간이 빠르게 흘러 어느덧 여름이 왔다. 먼 산이 짙푸르게 변하고 해가 길어졌다. 논에는 벼의 키가 쑥 커졌고 집 뒤 작은 텃밭에서는 여러 가지 채소가 잘 자라고 있었다. 복돌이 아버지와 형은 여름 내내 논과 밭에서 풀을 뽑느라 비지땀을 흘렸다. 너무나 빨리 자라는 잡초를 제때 솎아 주지 않으면 가을에 제대로 곡식을 거둘 수 없기 때문이다.

"복돌아, 너는 이 풀들을 한쪽 구석에 갖다 놓아라."

복돌이도 고사리 손으로 형과 아버지를 도왔다. 복돌이 어머니와 누나는 밥을 짓고, 빨래를 하고 새참을 만들어 내가느라 허리 펼 새 없이 일을 하면서도 누에를 돌보고 목화밭을 정성껏 가꾸었다. 한여름 낮에 더운 열기를 푹푹 쏟아 내는 목화밭에서 김을 매고 나면 이마에는 팥죽처럼 붉은 땀방울이 맺히고 다리에 힘이 쭉 빠졌다.

복돌이는 밭머리에 앉아 목화꽃을 바라보았다. 넙적한 이파리가 척척 늘어지고, 한 길만큼 자란 목화 줄기에는 노란색, 흰색, 보라색 꽃이 피었다. 꽃이 진 자리에는 동그란 다래가 열렸다. 초록색 다래가 갈색으로 점점 부풀면 그 안에서 새 하얀 솜이 얼굴을 내밀었다.

"엄마 안 볼 때 얼른 하나 먹어야지."

복돌이는 다래를 좋아하였다. 어머니 몰래 다래 하나를 얼른 따서 입에 넣었다. 달착지근했다.

베틀
무명·삼베·명주 등의 천을 짜는 틀이다.

가을이 되면 하얀 목화솜을 거두어서 씨앗을 빼고 잘 손질해서 무명실을 자아냈다. 그리고 밤낮으로 베틀에 앉아 날실과 씨실을 엮어서 무명천을 짰다. 여자들은 실을 자아내고 옷감을 짜는 길쌈을 할 줄 알아야 시집도 갈 수 있었다. 아주머니들은 길쌈을 잘하는 누나를 보고 부잣집 맏며느리감이라며 칭찬을 아끼지 않았다. 어머니와 누나가 밤을 새워 짠 무명천으로는 가족들 옷도 지어 입고 나라에 세금도 냈다. 집에서 만들 수 없는 필요한 물건은 장에 가서 무명천을 주고 사왔다.

들일을 마치고 집에 들어온 아버지와 형은 외양간으로 가서 깔아 두었던 짚을 모아 가지고 나왔다. 소가 밟아서 부드러워진 짚과 측간에서 가져온 똥과 오줌을 섞어서 헛간 구석에 켜켜로 쌓았다. 복돌이 형이 아버지와 함께 잿물을 뿌렸다.

"아이고~냄새야!"

코를 싸쥐는 복돌이를 돌아보며 형이 말하였다.

"잘 썩도록 가끔씩 뒤집어 주어야 좋은 두엄을 만들 수 있어. 내년 봄에 밭을 갈 때나 씨앗을 뿌릴 때 두엄을 섞어 주면 곡식과 채소가 잘 자랄 거야."

풍년이라도 넉넉하지 않은 살림

가을이 왔다. 누런 황금빛으로 넘실대는 논 위로 가을 햇살이 빛났다. 오늘은 복돌이네 타작하는 날이다. 타작은 기운 센 남자들의 몫이다. 잘 말린 볏단을 마당에 쌓았다. 멍석을 깔고 도리깨질이 시작되었다.

어깨춤이 절로 나오는 노랫가락에 맞추어 도리깨가 허공에서 춤을 추고 볏닷을 내리쳤다. 휘리릭, 탁! 투두둑! 휘리릭, 탁! 투두둑!

도리깨질 소리, 후두둑 낟알 떨어지는 소리가 복돌이네 집을 울리고 마을로 퍼져 나갔다.

올해는 보기 드문 풍년이었다. 비도 때맞추어 알맞게 내려주고 햇살도 좋았다. 마을 사람들은 덩실덩실 춤을 추었다.

"올해는 세금을 내고도 곡식이 넉넉하게 남겠네."

"얼마 만에 맞는 풍년인가! 내년 봄까지 곡식 걱정을 덜하고 살게 되었네 그려."

마침 향리들과 함께 가을걷이를 살피러 나온 조 현감도 풍년이라고 아주 기뻐하였다.

"우리 사또께서도 애 많이 쓰셨어요. 혹시나 씨뿌리기가 늦지는 않을까, 가뭄이 들지는 않을까 노심초사 걱정하셨지요."

"때맞추어 사직단에서 제사도 올리시고, 먹을 것 없는 백성들 집에는 나라 곡식도 빌려 주셨지요."

가을걷이가 끝났으니, 조세도 내고 여기저기 졌던 빚도 갚아야 했다. 복돌이네는 김 진사에게 빌린 논에서 나온 수확의 절반을 실어다 주었다. 그리고 자기 땅에서 난 곡식의 일부를 나라에 세금으로 바쳤다.

복돌이는 곡식을 지고 조세를 내러 가는 아버지를 따라나섰다. 지난 봄 관아에서 곡식을 꾸었던 숙이네 아저씨도 함께 갔다.

"빌린 곡식에 이자를 조금 붙여서 내야 해요. 풍년이라고는 하지만, 빚을 갚고 나면 남는 것이 없어요. 얼마 안 가서 다시 곡식을 빌려야 할 것 같아요."

아저씨의 어깨가 축 처져 내렸다.

"그래도, 기운 내게."

복돌이 아버지가 아저씨 어깨를 토닥였다.

도착해 보니 호방 어른이 조세를 걷는 일을 지휘하고 있었다.

"아버지, 얼마나 내야 해요?"

곡식이 아까웠던 복돌이가 아버지를 올려다보았다. 복돌이 마음을 아는 아버지가 머리를 쓰다듬으며 말했다.

"우리 논밭은 다른 집보다 곡식을 많이 거둘 수 있는 좋은 땅이란다. 그리고 올해는 풍년이니 작년보다 많이 내야 할 거야."

"흉년이 들면 조금만 내요?"

"그럼, 거칠고 농사가 잘 안 되는 땅에서도 조금만 내지."

복돌이는 산더미처럼 쌓인 곡식 가마니를 보면서 물었다.

"저걸 어디로 가져가요?"

"일부분은 우리 고을 살림에 쓰고, 나머지는 강가로 옮겨 배에 싣는단다. 곡식을 실은 배는 강을 타고 바다로 나가지. 배들은 해안을 따라 북쪽으로 가서 다시 한강을 거슬러 올라가지. 전국에서 올라온 조세가 한곳에 모인단다. 그곳은 임금님이 계신 한성부 바로 옆에 있어. 백성들이 낸 곡식으로 나라 살림을 하지."

복돌이는 고개를 끄덕였다.

"아, 그래서 농사짓는 백성이 나라의 근본이라고 늘 사또께서 말씀하시는 거로군요."

그 때 갑자기 다투는 소리가 들렸다.

"우리 집 농토는 거칠어서 수확을 조금밖에 못했는데, 개울 끼고 농사가 잘 되는 땅을 가진 박 초시네가 왜 나보다 세금을 조금만 내는 거요?"

아랫마을에 사는 점순네였다.

몇 해 전 조정에서는 조세를 좀 더 공평하게 매기려고 농토가 얼마나 기름진지 조사하여 풍흉에 따라 나라에 내야 할 곡식의 양을 다르게 하는 법을 만들었다. 세종 임금께서 여러 신하들과 농민들의 의견을 물어서 결정하였다.

하지만 이 법이 제대로 지켜지지 않는 경우도 많았다. 제 잇속만 차리는 향리들이 힘없는 백성들의 거친 땅을 기름진 땅으로, 힘 있는 벼슬아치들의 좋은 땅을 거친 땅으로 둔갑시켜 거짓 보고하는 일이 적지 않았다.

백성들은 곡식뿐 아니라 여러 가지 특산품도 나라에 바쳤다. 좋은 과일 나는 곳에서는 과일을 바쳤고 바닷가 마을에서는 생선을 바쳤으며, 산골 마을에서는 좋은 약초를 바쳤다.

가끔씩 귀한 물건이 생기면 진상품으로 임금님께 바쳤다. 하지만 복돌이네 마을처럼 특산물이 없는 곳에서는 다른 마을의 특산품을 비싸게 사서 바쳐야 했다. 집집마다 나누어 비용을 냈지만 조세보다 몇 배는 더 힘든 부담이었다.

부역과 군역도 백성의 의무

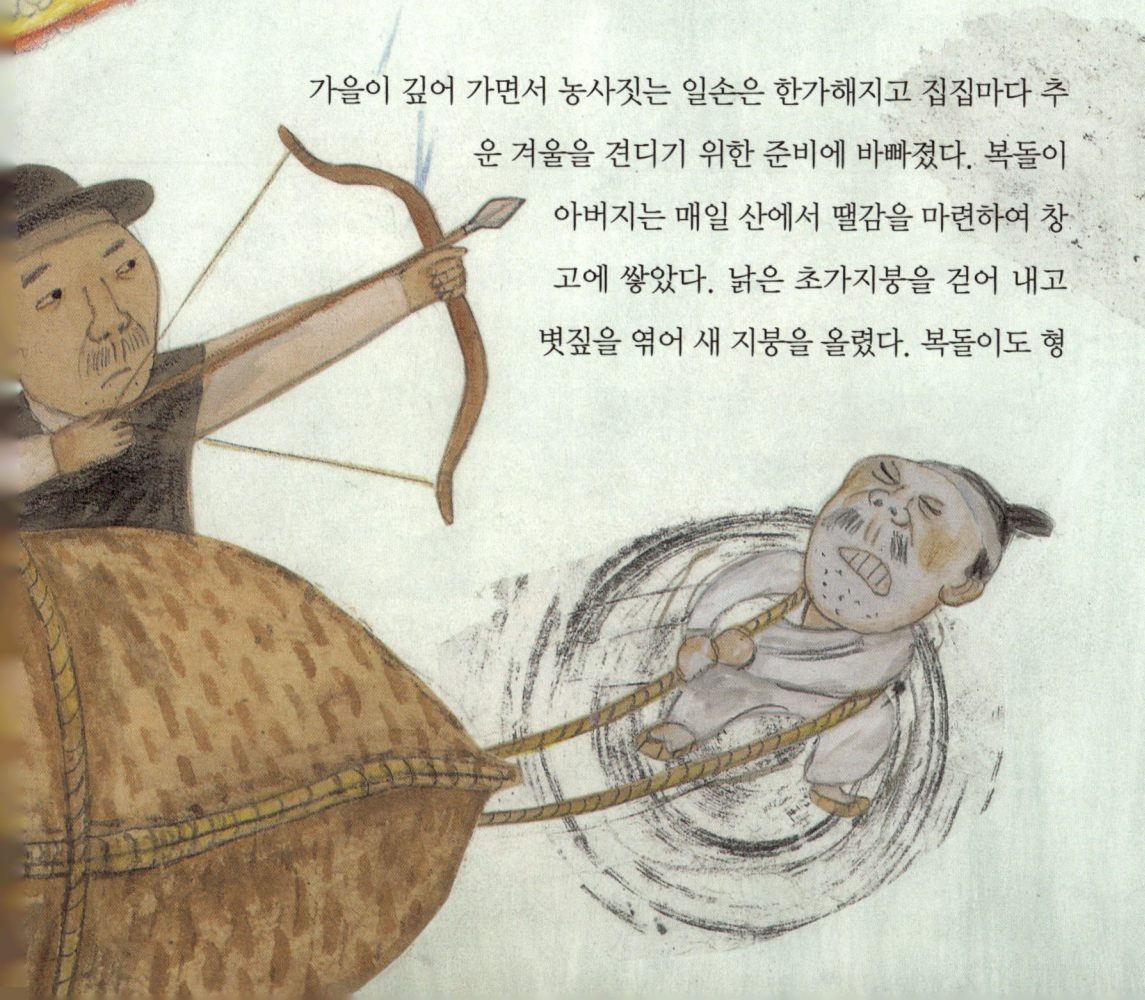

가을이 깊어 가면서 농사짓는 일손은 한가해지고 집집마다 추운 겨울을 견디기 위한 준비에 바빠졌다. 복돌이 아버지는 매일 산에서 땔감을 마련하여 창고에 쌓았다. 낡은 초가지붕을 걷어 내고 볏짚을 엮어 새 지붕을 올렸다. 복돌이도 형을 도와 외양간도 고치고 아버지 심부름도 하였다. 어머니는 겨울에 먹을 반찬거리를 알뜰살뜰 챙겨 두었다. 무엇보다 소금을 잘 간수하는 게 중요하였다.

밤에는 방에 모여서 짚을 엮어 여러 가지 물건을 만들었다. 짚신도 삼고, 새끼줄도 꼬았다. 복돌이는 새끼줄을 꼬는 형의 빠른 손놀림이 부러웠다.

"형, 어떻게 하면 그렇게 빨리 꼴 수 있어?"

형은 복돌이 두 손을 포개 쥐고 새끼줄 꼬는 법을 일러 주었다. 아버지와 형은 함께 가마니도 짜고, 마당에 깔 멍석도 짰다. 멍석은 곡식과 채소를 널어 말리는 데 아주 유용했다. 잔치가 벌어질 때는 멍석 위에 상을 펴기도 하였다.

형이 말을 꺼냈다.

"아버지, 지난 여름 비에 무너진 개울둑을 고치고 관아 건물을 손보는 공사에 우리도 나가서 일해야 하나요?"

"그래, 우리 집에서도 내일부터 엿새 동안 두 명이 나가 일을 해야 하지."

"가을걷이가 끝나도 쉴 틈이 없네요."

일손이 덜 바쁜 늦가을부터는 각 고을마다 미루어 두었던 공사를 시작했다. 여름 홍수로 무너진 개울둑이나 저수지를 고치기도 하고, 관아의 건물을 더 짓기도 했다. 또한 수레나 말이 다니는 데 불편함이 없도록 길을 닦기도 했고, 산성을 쌓거나 고치는 데 불려나가기도 했다. 이렇듯 나라에 노동력을 바치는 부역도 백성들에게 주어진 의무였다. 부역에 나선 백성들은 아무런 대가 없이 아침부터 저녁까지 고되게 일을 했다.

16세부터 60세까지의 남자들은 번갈아 가며 군역도 져야 했다. 나랏법에서 정한 기간 동안 군대에 가서 훈련을 받으며 나라를 지켰다. 고을 근처의 진이나 영에서 군역을 지기도 하였지만, 한성으로 가거나 더 멀리 남쪽이나 북쪽 국경으로 가기도 했다. 복돌이 형도 내년에는 군역을 지러 집을 떠나야 한다. 형이 집을 떠나면 일손이 크게 부족해질 터였다. 그래서 나라에서는 이웃 사람 셋이 봉족이 되어 복돌이네를 돕도록 하였다. 복돌이는 어서어서 자라서 형 못지않은 일꾼이 되겠다고 마음먹었다.

이제 며칠 뒤면 섣달그믐이다. 이맘때가 되면 복돌 아범은 장에 물건을 사러 갔다. 복돌이는 아버지를 따라 장에 가는 날을 손꼽아 기다렸다. 가끔씩 보따리며 등짐을 진 행상이 마을에 오긴 하지만, 1년에 몇 번씩은 장에 가서 꼭 필요한 물건들을 사왔다.

"질 좋은 소금을 사 오는 것을 잊지 마세요. 말린 생선도 사 오시고요."

사립문을 나서는 아버지에게 어머니가 당부하였다. 아버지와 복돌이는 콩이 들어 있는 자루와 어머니가 공들여 짠 무명필을 메고 장터로 향했다.

"어서 서둘러 가자. 해 지기 전에 돌아오려면 바쁘단다. 어두워지면 저 앞산에서 호랑이가 나온다는구나."

호랑이라는 말에 복돌이는 덜컥 겁이 났다.

"정말요? 아버지, 빨리 가요."

산이 깊은 고을에는 호랑이가 많았다. 호랑이는 닭이나 돼지 같은 가축도 물어 갔지만, 사람도 자주 해쳤다. 조정에서도 호랑이에게 당하는 피해 때문에 골머리를 앓아 호랑이 잡는 군대를 따로 둘 정도였다.

장터는 수많은 사람으로 북적거렸다. 여기저기서 손님을 끄는 사람들로 귀가 먹먹하였다. 말린 생선을 파는 사람, 떡 파는 아낙, 병아리를 파

는 사람, 젓갈과 소금을 파는 사람도 있었고, 사기그릇을 흥정하는 이도 있었다. 복돌이는 자기가 들어갈 정도로 큰 솥을 보고 눈이 휘둥그레졌다.
　"이 솥은 대장간에서 만든 거야. 아주 특별한 기술이 필요하지. 쇠를 다룰 줄 아는 사람들은 나라에서 필요로 하는 물건을 만든단다. 기와를 굽는 사람, 놋그릇이나 종이를 만드는 사람도 관아에서 필요한 물건을 정한 양만큼 만들어 바친 다음, 남는 것을 이렇게 장에 내다 판단다."
　두 사람은 콩을 주고 말린 생선을 두 마리 샀다. 콩이 많이 줄었다. 소금을 사고 내년 농사에 쓸 호미와 낫도 하나씩 샀다.

집으로 돌아오는 길에 저 멀리 지나가는 김 진사의 손자 현룡이를 보았다. 세 살 때부터 글을 배운 신동으로 소문이 자자한 소년이다. 아버지가 복돌이의 머리를 쓰다듬으며 중얼거렸다.
"선비는 농민에게서 난다는데, 우리 복돌이도 서당에 보낼 수 있으면 좋으련만…… 글을 배워 과거 시험을 볼 수 있으면 얼마나 좋을까?"
나라법에는 농민도 과거를 볼 수 있었지만 새벽부터 해질녘까지 일하고 밤새워 공부하여 과거에 합격하기란 하늘의 별 따기보다 어려웠다. 좋은 스승을 모시고 하루 종일 공부하는 양반 댁 도련님도 어렵다는 과거 공부가 아닌가?

백성 아닌 백성, 노비

내 이름은 둑거비

"둑거비 네 이놈, 어디에 있는 게냐……."

이른 아침부터 주인어른께서 화가 단단히 나셨다.

"예, 여기 있습니다."

열두 살 어린 사내종이 숨이 턱에 닿도록 달려와서는 허리를 연신 숙이며 굽실거렸다. 금방이라도 울음보가 터질 듯 눈물이 그렁그렁했다.

높다란 대청마루에서 김 진사가 섬돌 아래를 내려다보며 목청을 높여 꾸짖었다.

"둑거비 이놈, 내가 오늘 아침 일찍 출타해야 한다고 의관을 준비해 놓으라 하지 않았느냐. 피가 나도록 종아리를 맞아 봐야 정신을 차릴 것이냐!"

"죽을죄를 지었습니다, 주인 나리. 방금 철구 어멈에게 가서 마님의 의관을 챙겨 가지고 오는 길입니다."

어린 둑거비는 어찌할 바를 몰랐다.

"냉큼 옷을 입히거라."

둑거비는 주인 나리께 옷을 입혀 드린 뒤 말총으로 공들여 짠 갓을 머리에 씌워 드렸다.

"어험! 흠흠……."

둑거비는 쪼르르 잰걸음으로 달려가 방문을 열었다. 가죽신을 신은 김 진사가 성큼성큼 걸어 대문 앞으로 가자, 도야지가 말 한 필을 끌고 나왔다. 도야지는 둑거비보다 열 살 많은 스물두 살 사내종이다.

"말에게 여물을 넉넉히 먹였느냐?"

김 진사의 물음에 도야지가 말 등을 쓰다듬으며 대답하였다.

"예, 그럼요. 나리께서 가장 아끼시는 말인데요."

반질반질 윤이 나는 말은 아주 건강해 보였다. 주인어른이 애지중지하는 이 말은, 검불처럼 일어난 떠꺼머리에 사시사철 낡은 버선 한 짝 제대로 못 신고 벌건 정강이를 내놓고 사는 둑거비보다 훨씬 더 호강하며 살았다.

둑거비가 말 옆에 엎드리자 김 진사가 등을 밟고 말에 올라탔다. 도야지가 말을 이끌고 길잡이를 하며 대문을 나섰다. 도야지는 둑거비에게 눈을 찡긋하며 웃었다.

"주인어른, 안녕히 다녀오세요."

둑거비는 하르르 한숨을 토해 내며 무거운 발걸음을 옮겼다. 이제 아침밥을 먹고 철구 아범이랑 나무하러 가야 한다.

아침에 눈을 뜨면 주인 나리 세숫물 대령하기, 밤새 가득 찬 요강 단지 비우기, 마당 쓸기, 나무하기, 마을 이곳저곳으로 심부름 다니기…… 둑거비는 밤늦게까지 쉴 틈이 없었다. 조금만 잘못해도 쏟아지는 매 타작 때문에 둑거비의 두 볼에는 늘 눈물 자국이 남아 있었다.

철구네 호지집

철구 어멈은 나이 지긋한 여종이다. 주인 나리, 안방마님, 큰 서방님, 현룡 도련님 등 김 진사 가족들의 옷을 짓고 다리고 준비하는 일이 모두 철구 어멈 몫이었다. 어멈은 날마다 밤늦게까지 촛불 아래서 바느질을 하였다. 어멈네 호지집에서는 밤이면 밤마다 따닥따닥, 따닥따닥~ 경쾌하고 맑은 다듬이질 소리가 흘러나왔다. 좋은 천으로 지은 옷은 빨래를 할 때마다 뜯어서 손질하고, 일일이 다시 바느질을 해야 했기 때문에 어멈은 잠시도 쉴 틈이 없었다. 어멈의 손끝에서는 보드라운 비단 치마, 풀 먹인 모시 적삼, 사각사각한 명주 도포, 따뜻하게 솜을 누빈 무명 바지저고리가 요술처럼 만들어져 나왔다.

　어멈의 아들 철구는 지난 봄, 한성부에 사는 큰 도련님에게 보내졌다. 큰 도련님이 과거에 합격하여 임금님이 계신 대궐에서 벼슬살이를 시작하자, 진사 어른께서 노비 여러 명을 선물로 보내셨는데 그 중에 철구가 있었다.

　당당히 과거에 급제하고 머리에 어사화를 꽂고 나타나신 큰 도련님을 주인 나리 내외분은 버선발로 뛰어나와 반기셨다. 며칠 동안 동네잔치가 벌어졌다. 온 동네 사람들이 도련님을 칭송하고 부러워하였다. 그 뒤로 이 마을에서 주인 나리의 위엄은 더욱 높아졌다.

하지만 열 살 난 아들 철구를 떠나보내는 아범과 어멈은 목구멍으로 눈물을 삼켰다. 어쩌면 다시는 못 만날 수도 있을 텐데…….

"우리 같은 종들은 반편은 물건이여!"

노비도 사람이건만, 물건이나 다를 바 없었다. 주인들은 자기 재산인 노비를 남에게 선물로 주기도 하고, 서로 바꾸기도 하였다. 그뿐 아니라 시장에 내다 팔 수도 있었고, 자식에게 물려줄 수도 있었다. 죄를 지은 노비를 주인이 죽여도 아무런 문제가 되지 않았지만, 노비가 주인에게 억울한 일을 당했다고 관아에 고했다가는 그 길로 목숨이 달아나는 것이 이 나라의 지엄한 법이었다.

"어멈, 저 둑거비에요."

둑거비가 문을 열고 얼굴을 디밀었다. 어둑어둑하고 좁아터진 방에서 철구 어멈이 빨랫감을 손질하고 있었다. 옷에 풀을 먹이느라 시큼한 냄새도 나는 것 같았지만, 둑거비는 엄마를 떠올리게 하는 그 냄새가 좋았.

김 진사는 족히 쉰 명은 넘는 노비를 거느렸다. 스무 명 남짓은 주인과 함께 살았다. 짙푸른 기와가 날렵하게 올라간 주인댁에서 조금 떨어진 곳에 종들이 살고 있는 호지집이 게딱지처럼 옹기종기 엎드려 있었다. 주인이 부르면 언제든지 달려가야 했기 때문에 주인댁 방향으로 문을 달았다. 나머지 노비들은 따로 살았다. 그들은 이 고을 저 고을에 흩어져 있는 김 진사의 땅에서 농사를 지어 가을이면 알곡을 잔뜩 실은 수레를 끌고 왔다.

"둑거비 왔구나. 아침밥은 먹었니?"

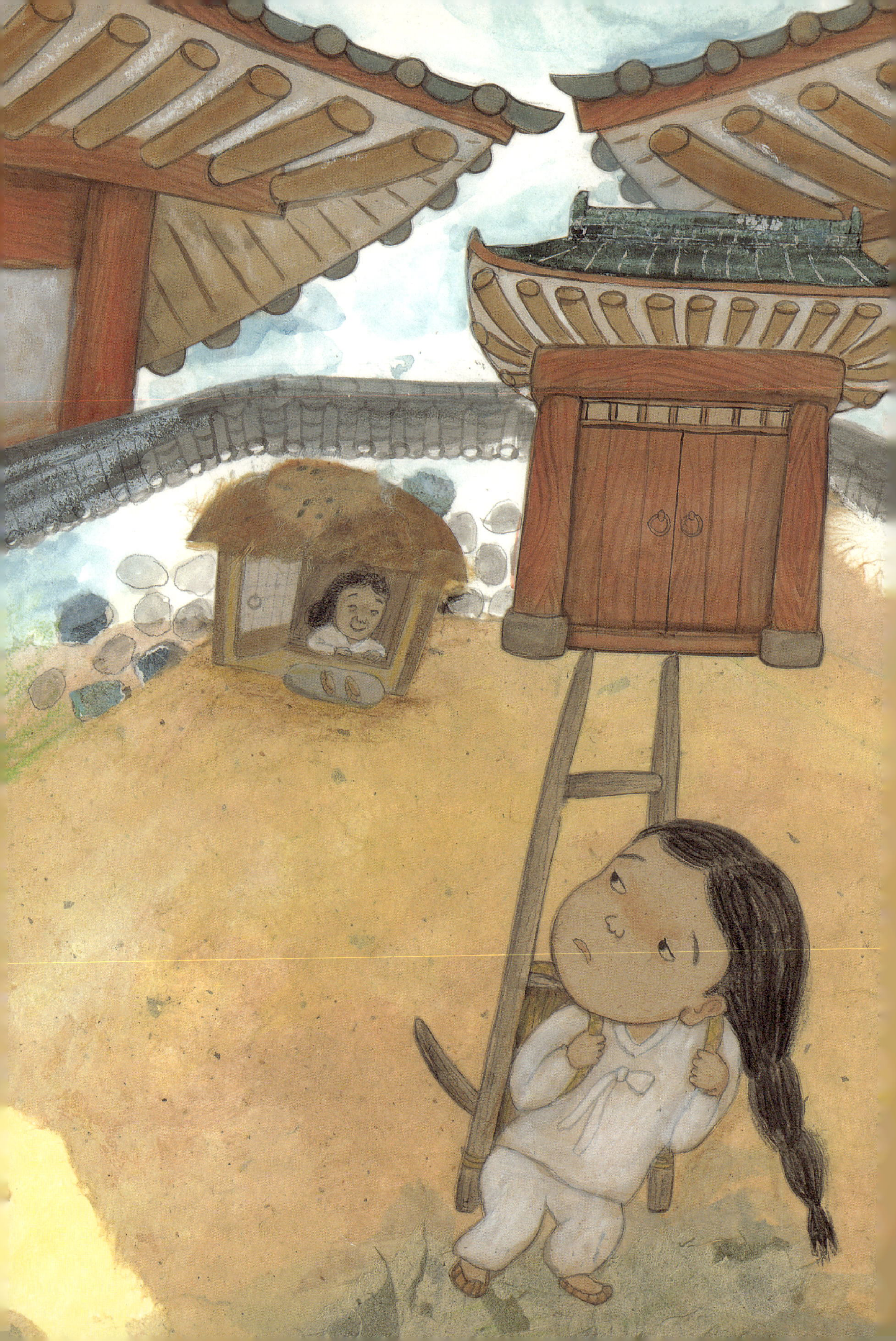

어멈은 어린 둑거비를 아들처럼 보듬고 챙겼다.

"분이가 보리밥 한 덩이 챙겨 줬어요. 오늘은 운이 좋았어요. 주인 나리가 남기신 국그릇이 내 차지가 되었다니까요."

철구 어멈이 웃으며 말하였다.

"우리 노비들 창자는 상한 음식도 소화시키는데, 하물며 주인 나리가 남긴 것이야 진수성찬이지."

"어멈이 옷을 안 만들면, 주인 나리도 입을 게 없겠다!"

순진한 둑거비의 말에 어멈이 손가락을 입에 대며 쉿 소리를 냈다.

"나무하러 다녀올게요."

둑거비는 허리춤에 삼베로 싸 묶은, 아기 주먹만 한 보리밥 덩어리를 소중하게 매만지며 달려 나갔다. 거무튀튀하고 뚝뚝하게 식어 빠진 보리밥이 나무하다 허기진 둑거비의 배를 채울 만큼 넉넉하기라도 하면 좋으련만…….

도야지와 자근년이

원래 둑거비는 한참 떨어진 곳에 살던 가난한 농부의 아들이었다. 둑거비는 찢어지게 가난한 살림살이에 하루 한 끼 멀건 풀죽으로 끼니를 때우면서도 누나, 형, 어머니, 아버지와 함께 행복하게 살았다. 봄이 되면 누나는 산으로 들로 다니면서 먹을 수 있는 나물을 캐 모았다. 턱없이 부족한 먹을거리 때문이다. 어린 소나무 껍질을 벗겨 삶아 먹기도 했다. 그래도 누나가 캐 모은 쑥에 곡식 가루를 뿌리는 시늉만 내어 만든 쑥버무리가 얼마나 맛이 있었는지…….

3년 전 흉년이 들면서 둑거비네는 풍비박산이 났다. 남의 땅을 빌려 농사를 짓는 형편에 땅 주인에게 줄 곡식마저 부족할 지경이 되자, 아버지는 누나를 노비로 팔았다. 설상가상으로 전염병도 돌았다. 가뜩이나 몸이 허약해져 있던 어머니가 병에 걸려 죽자 아버지는 눈물을 머금고 겨우 아홉 살밖에 안 된 어린 둑거비를 김 진사네 노비로 보냈다. 부잣집 노비가 되면 굶어 죽지는 않을 것이라고 했다.

어름어름하는 사이에 빌린 곡식이나 돈의 이자가 눈덩이처럼 불어나 도저히 갚지 못할 지경이 되어서는 결국 제 몸을 내놓아야 하는 농민이 헤아릴 수 없이 많았다.

철구 아범과 둑거비가 나무를 해 가지고 돌아올 무렵 주인어른을 모시고 나갔던 도야지도 돌아왔다. 아침에는 그리도 기운이 넘치더니, 어찌된 일인지 풀이 죽어 있었다.

"도야지 형? 어디 아파?"

도야지는 딱딱하게 굳은 얼굴로 고개를 가로저었다.

도야지네는 할아버지 때부터 김 진사네 노비였다. 김 진사의 할아버지께서 나라에 큰 공을 세워서, 임금님께서 수십 명의 노비를 상으로 내리셨는데 그 중에 도야지네 할아버지가 있었다. 요즘 도야지는 이 초시 댁 여종 자근년이를 마음에 두고 있었다. 자근년이와 혼인을 하고 싶다고 주인어른께 말씀을 드렸다가 혼쭐이 났다.

"종놈 주제에 감히 남의 집 종년과 혼인이라니, 말도 안 된다!"

김 진사는 도야지의 간청을 뒷등으로도 듣지 않았다.

"내가 남 좋은 일 시킬 일이 있나? 농부의 딸에게 간다면 또 모를까?"
김 진사는 혼잣말로 중얼거렸다.

서로 주인이 다른 남자종과 여자종이 혼인하여 아이를 낳으면, 그 아이는 여자종의 주인 차지가 되었다. 언감생심 김 진사가 허락할 리가 없었다. 김 진사는 농부의 딸과 도야지가 결혼을 한다면 말릴 생각이 없다. 그렇게 되면 태어나는 아이는 김 진사의 노비가 될 수 있기 때문이다. 하지만 남의 집 종살이하는 남자에게 딸을 주려는 농부가 있을 리 만무하니, 도야지는 총각으로 늙어 죽을지도 몰랐다.

그 날부터 도야지는 일을 열심히 하지 않았다. 도야지는 주인 나리의 감시가 조금만 소홀해도 건성건성 일을 하였다. 점심 잘 먹고 늘어지게 한잠 자는 것은 기본이었다.

"조선 8도 백성 중 열에 서넛은 우리 같은 종들이여. 노비들이 없으면 양반님네가 어떻게 살아갈 수 있겠어? 농사도 노비, 청소도 노비, 똥 치우는 일도 노비가 해야 하잖아. 열심히 한다고 상 주는 것도 아닌데, 몸 상하면서까지 일할 필요는 없지."

도야지가 둑거비에게 심드렁하게 말하였다. 죄를 지은 막내 서방님 대신 잡혀가 옥에 갇히고, 살이 터지도록 매를 맞았으면서도 너털웃음을 짓던 도야지가 영 딴사람이 되었다.

어느 날 김 진사는 도야지를 먼 친척집으로 심부름을 보냈다. 이쪽에서 보내는 물건을 전하고 그쪽에서 보내는 먹을거리를 받아 오는 일이었다. 그런데 도야지가 가져온 물건들과 친척집에서 적어 보낸 물건 목록에서 차이가 났다.

주인어른이 도야지를 불러 세웠다.

"이놈아, 왜 물건들이 비는 것이냐?"

도야지는 천연덕스럽게 대답하였다.

"그래게요. 오던 길에 고갯길에서 도적을 만났지 뭡니까요. 그래서 소인이 꽁지가 빠지게 달아나느라 잃어버린 줄도 몰랐습니다."

김 진사는 도야지가 거짓말을 하고 있다는 것을 빤히 알고 있었다. 하지만 확실하게 눈으로 본 것도 아니니 몰아세우기도 어려웠다.

'저 못된 녀석이 오는 길에 쌀밥을 푸지게 짓고 준치(생선의 이름)를 구워 먹은 게 틀림없어. 꿀은 장에 팔아 돈을 챙겼겠지. 내가 직접 본 게 아니니 어찌지도 못하겠고…….'

도야지 덕분에 부엌일하는 분이와 어린 둑거비만 혼쭐이 났다. 분이는 밥 지을 때 쥐똥을 제대로 골라 내지 않았다고 마님께 종아리를 맞았고, 둑거비는 공연히 신발짝으로 얼굴을 맞았다.

그러던 어느 날 아침, 온 집안이 발칵 뒤집혔다. 지난 밤에 도야지가 자근년이와 함께 도망을 친 것이다. 김 진사네 집에서도, 이 초시네 집에서

도 난리가 났다. 사람들을 풀어서 찾는다고 온 마을이 시끄러웠고, 관아의 포졸들이 작은 산길까지 막고 샅샅이 뒤졌지만 끝내 두 사람을 찾지 못하였다.

'도야지 형, 제발 잡히지 마. 멀리멀리 발에 날개를 달고 도망가라.'

둑거비는 마음속으로 빌고 또 빌었다. 먼 곳으로 도망치는 데 성공한 노비들은 신분을 속이고 농민으로 살기도 하였다.

그 날부터 부엌일하는 분이도 일을 하지 않았다. 분이는 남몰래 도야지를 좋아하고 있었다. 마음속으로 좋아하던 도야지가 사라지자 며칠째 밥도 굶고 방에서 울기만 하였다. 김 진사는 속이 끓었지만 어쩔 수가 없었다. 무조건 닦달을 한다고 될 일이 아니기 때문이다.

관아의 막심이와 복실이

막심이는 두레박을 우물 속에서 천천히 끌어올려 찰랑찰랑한 물을 물동이로 옮겨 담았다. 자기 머리보다 족히 예닐곱 배는 커 보이는 물동이를 가뿐하게 머리에 인 막심이가 관노청 뒤편으로 사라졌다. 하루에도 수십 번 반복하는 일이다.

하루 종일 물을 긷고 빨래하고, 관아에서 일하는 사람들 뒤치다꺼리 등 허드렛일을 맡아 하는 막심이는 관아에 소속된 계집종이다. 사시사철 후줄근한 삼베 치마를 걸치고, 겨울이면 물에 젖은 손이 빨갛게 얼어 터지는 막심이는 열다섯 나이에 어울리지 않게 고생에 찌든 모습이었다.

고을 관아에는 차 끓이는 다모, 술 빚는 주모, 밥상 차리는 식모, 바느질하는 침모, 기생, 관아에 온 귀하신 손님 곁에서 심부름 다니는 방자, 아침마다 바구니를 끼고 찬거리를 사오는 반빗아치 등 셀 수 없이 많은 관노비가 있었다. 관아에는 하루에도 수백 명이 들락거렸으니, 노비들이 묵묵히 궂은일을 하지 않으면 제대로 일이 돌아가지 않을 정도였다.

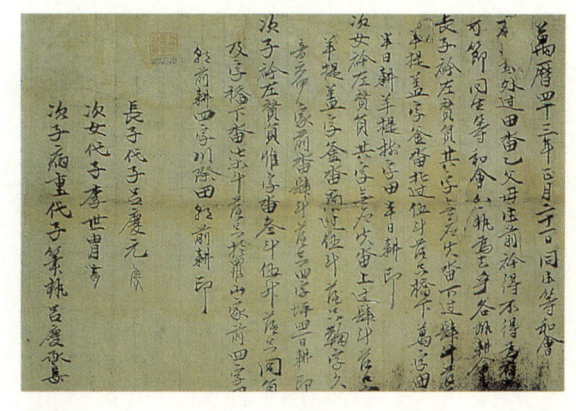

노비안
조선 시대 노비의 호적이다. 〈경국대전〉에서는 3년에 한 번씩 공노비의 사망·이동·출생 등을 조사하도록 했다.

다모 복실이는 부엌에서 다과상을 차렸다. 그리고 다과상을 객사로 가져가 손님 앞에 내려놓았다.

"김 진사와 이 초시네 노비 둘이 도망친 사건 때문에 하도 정신이 없어서 이제야 자네와 차 한잔 나누게 되었네."

"아주 몹쓸 놈들이군. 노비는 우리들이 양반다운 체통을 지키고 살 수 있게 해 주는 좋은 제도인데 말일세."

손님이 말을 받았다.

"아주 오래전부터 있었던 노비들이 아닌가. 그런데 갈수록 노비들이 버릇이 없어지고 주인에게 대드는 일이 많아져서 걱정일세."

"그러니 우리가 더욱더 아량을 베풀면서 노비를 부려야 하지 않겠나."

조 현감과 손님은 노비를 잘 다루는 법에 대해 오랫동안 이야기를 나누었다.

만약에

민본 정치를 펼친 세종

어느 날 저녁 선호는 세종 대왕의 위인전을 재미있게 읽고 있었다. 책에는 "세종 대왕은 백성을 사랑하는 민본 정치를 펼치셨다."라고 쓰여 있었다. 선호는 '민본 정치가 무슨 뜻이지? 오늘날의 민주 정치하고 비슷한가?'라는 의문을 품었다. 한참을 생각하다가 스르르 잠에 빠져들었다.
'앗! 여기가 어디지?'
잠에서 깨어난 선호는 깜짝 놀랐다. 자기가 짙은 쪽빛의 관복을 입고 집현전에 앉아 있는 것이 아닌가?

선호 안녕하세요? 세종 대왕님. 저는 21세기 대한민국에서 왔습니다.

세종 짐에게 궁금한 게 많다고 들었소. 그래, 궁금한 것이 무엇이오?

선호 임금님께서 펼치셨다는 민본 정치에 대해서 알고 싶습니다.

세종 허허, 민본이란 말 그대로 나라의 근본이 백성이라는 뜻이오. 백성을 가장 먼저 생각하는 정치를 말한다오.

선호 훈민정음을 만드시고, 공평한 세금 제도를 만드신 것도 민본 정치를 위한 일인가요?

세종 당연히 그렇소. 백성들이 글자를 읽을 수 있어야 억울한 일을 덜 당할 것이 아니겠소? 세금을 공평하게 걷어야 백성이 안심하고 살 수 있을 테고.

선호 그렇다면 임금님께서는 모든 백성이 직접 정치에 참여하는 제도를 만드실 생각은 없으셨나요? 예를 들어, 국회 의원을 뽑는다거나…….

세종 국회 의원? 그게 무엇이오?

선호 모든 사람이 투표를 해서 자신들의 생각을 정치에 담아 낼 사람인 국회 의원을 뽑고, 그 사람들을 중심으로 정치를 하는 거예요.

세종 글쎄, 한 번도 생각해 본 적이 없다오. 백성들이란 어린아이들처럼 약하고 어리석어서 왕이 잘 가르치고 이끌어야지, 그런 백성들에게 나랏일을 할 사람을 뽑으라고 하다니…….

선호 백성들이 약하고 어리석다고요?

세종 그렇소. 모든 사람이 다 똑같은 것은 아니라오. 왕은 왕의 본분, 선비는 선비의 본분, 농부는 농부의 본분을 가지고 있다오. 정치를 하는 것은 보통 백성들의 본분은 아니라오.

선호 제가 사는 곳에서는 모든 백성, 사람들이 5년마다 대통령을 뽑아서 나라의 일을 책임지고 하도록 한답니다.

세종 오호. 지금과는 많이 다른가 보군.

선호 예, 다음번에는 임금님께서 제가 살고 있는 곳에 오시면 제가 잘 안내해서 알려 드릴게요.

세종 고맙소. 다음에는 내가 김선호 학사를 만나러 21세기로 가지요.

선호는 눈을 번쩍 떴다.
'이게 꿈일까 생시일까? 세종 대왕님이 21세기에 어떻게 오시지?'
선호는 빙긋이 웃었다. 그리고 다시 책장을 넘기기 시작하였다.

● 연표 ●

우리나라

1392년	정몽주, 선죽교에서 죽다.
	고려가 망하고 조선이 들어서다.
1394년	한양으로 도읍을 옮기다.
1395년	경복궁이 완성되다.
1398년	1차 왕자의 난이 일어나다.
1400년	2차 왕자의 난이 일어나다.
1401년	태종이 왕위에 오르고, 신문고를 처음 설치하다.
1402년	혼일강리역대국도지도를 완성하다.
1403년	금속활자로 계미자를 만들다.
1413년	8도에 지방 행정 조직을 완성하고, 전국에 호패법을 실시하다.
1418년	충녕 대군이 왕위에 오르다.
1419년	쓰시마를 정벌하다.
1420년	집현전을 설치하다.
1423년	〈고려사〉를 편찬하다.

다른 나라

1392년	일본, 남조와 북조가 하나로 합쳐지다.
1401년	일본과 명나라가 국교를 맺다.
1404년	일본, 명나라와 감합 무역을 시작하다.
1405~1433년	명나라의 정화가 함대를 이끌고 동남아시아에서 서남아시아까지 항해하다(남해 원정).
1420년	일본에 다도와 꽃꽂이가 유행하기 시작하다.

1429년	〈농사직설〉을 간행하다.	**1429년**
1431년	〈삼강행실도〉를 처음 편찬하다.	프랑스의 잔 다르크,
1433년	혼천의를 만들고 4군을 설치하다.	오를레앙에서 영국군을
1434년	자격루를 제작하고 갑인자를 만들다. 이 때부터 10년 동안 6진을 설치하다.	격파하다(백년 전쟁).

1439년
일본에서 아시카가 학교가 정비되고, 가장 번성한 학교가 되다.

1449년
명나라 황제 영종이 오이라트 군에 포로가 되다(토목의 변).

1453년
비잔틴 제국, 투르크에게 멸망하다.

1441년	측우기를 완성하다.
1442년	역법서 〈칠정산 내편〉을 완성하다.
1443년	훈민정음을 창제하다. 일본과 계해 약조를 맺다.

1447년	안견, 〈몽유도원도〉를 그리다.
	수양 대군이 〈석보상절〉을 책임지고 편찬하다.
1450년	문종이 왕위에 오르다.
1452년	단종이 왕위에 오르다.
1453년	계유정난으로 수양 대군이 권력을 잡다.
1455년	수양 대군이 왕위에 오르다.
1456년	사육신, 죽음을 당하다.
1460년	〈경국대전〉의 '호전'이 완성되다.
1467년	이시애의 난이 일어나다.
1469년	성종, 왕위에 오르다.
1479년	중전 윤씨가 폐비되어 쫓겨나다.
1481년	〈삼강행실도〉를 한글로 번역하다.
1485년	〈경국대전〉을 완성하다.

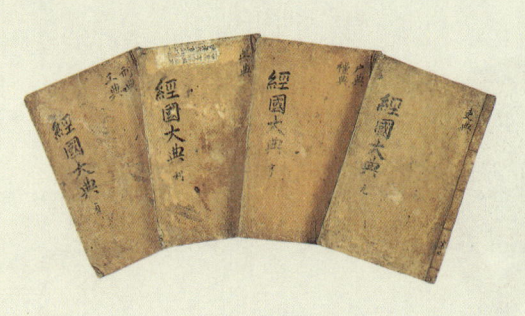

1456~1457년
일본의 에도 성이 만들어지다.

1467년
일본에서 오닌의 난이 일어나고, 각 지역의 무사 세력이 강해지기 시작하다.

1492년
콜럼버스, 서인도 제도에 도착하다.

●사진 자료 제공●

국립 중앙 박물관 (중박 200812-513)
81 현종의 편지, 81 사씨남정기, 81 한글이 새겨진 백자 제기, 135 홍패와 백패

국립 민속 박물관
42 호패, 79 삼강행실도, 135 어사화

서울대학교 규장각
26~27 도성도, 109 경국대전, 148 수령을 위한 지도

궁중 유물 전시관
70 자격루, 71 앙부일구

서울 역사 박물관
124 도량형 기구

영남대학교 박물관
52~53 종묘 정전

세종 대왕 유적 관리소
141 간의

일본 류코쿠 대학 도서관
47 혼일강리역대국도지도

사진 자료에 도움을 준 분
권태균

* 이 책에 실린 모든 자료의 출처를 찾기 위해 최선을 다했습니다. 누락이나 착오가 있으면 다음 쇄를 찍을 때 수정하도록 하겠습니다. 저작권자를 찾지 못하여 게재 허락을 받지 못한 일부 사진에 대해서는 저작권자가 확인되는 대로 허락을 받고 사용료를 지불하도록 하겠습니다.

찾아보기

ㄱ

간의 70, 141

갑인자 71

강희안 62

경국대전 108, 109, 124

경복궁 28

공양왕 16

과거 134~137

관상감 137

군역 163, 164

근정전 28

김시습 100

김일손 136

김종서 66, 91

ㄴ

남은 17, 37

남이 110~113

남효온 102

노비안 179

농사직설 72, 73

ㄷ

돈의문 83

동국여지승람 116

동문선 117

동헌 149

ㅁ

맹사성 63, 64, 152

ㅂ

박연 64

박팽년 62, 89

배극렴 20

백패 135

변계량 134

부역 163

ㅅ

4군 6진 67

사림 105

사마시 134

사씨남정기 81

사육신 100

사직단 55

삼강행실도 78, 79

서거정 116

석보상절 80

선죽교 18, 20

성균관 130~134

성삼문 62, 97~99

성저 10리 119

수창궁 22

숙정문 83

숭례문 82, 83

식년시 136

신문고 43, 44

신숙주 61, 62

심온 56

쓰시마 정벌 57~60

ㅇ

6주비전(6부전) 122

알성시 136

앙부일구 71

용비어천가 78, 81

유성원 99
유응부 97, 99
유자광 110~113
이개 99
이극돈 136
이성계 20~27
이시애 110
이시합 110
이종무 58, 59

ㅈ

자격루 70
장영실 69~71
장호원 153
전의감 137
정도전 17, 34, 37
정몽주 18, 19, 20
정인지 62
정초 68, 69
조말생 58
조사의 39, 40
조세 163
조준 17
종묘 28, 51

종묘 제례 52, 53
증광시 136
진관 체제 106
집현전 60, 61

ㅊ

최윤덕 65
최항 62
측우기 71
칠정산 140

ㅎ

하륜 25, 35
하위지 97, 99
한명회 91, 97
한성부 25
향교 131
호패 42, 43
혼일강리역대국도지도 46, 47
홍길동전 81
홍달손 91
홍윤성 91
홍패 135

황보인 89, 90
황희 63, 64
훈구 103, 105
훈민정음 77, 80, 81
흥인문 82, 83

● 집필 후기 ●

왼쪽부터 방지원, 남정란, 김육훈, 박선희, 김선옥

지은이 _ 전국역사교사모임

1988년에 결성되어 2008년으로 20주년을 맞는 역사 교사들의 단체이다. 전국에서 2000여 명의 교사가 자발적으로 참여하여, 생생함과 감동이 있는 '살아있는 역사 수업'을 위하여 다양한 연구 활동을 전개하고 이를 학교 현장에서 실천하고자 노력해 왔다. 그 동안의 경험을 바탕으로 2002년에 한국사 대안 교과서인 〈살아있는 한국사 교과서〉, 2005년에 세계사 대안 교과서인 〈살아있는 세계사 교과서〉를 펴냈다. 역사를 왜 가르치는가? 무엇을 어떻게 가르쳐야 하는가에 대한 많은 교사들의 경험을 토대로 2002년 〈우리 아이들에게 역사를 어떻게 가르칠 것인가〉라는 제목의 '교사가 쓰는 역사 교육론'을 펴냈다.

글쓴이

김선옥
오늘 아침, 제 몸을 통해 새 생명이 태어났습니다. 이 아이가 살아갈 세상은 좀 더 따뜻하고 평화로웠으면 좋겠습니다. 3년간의 산고를 통해 태어난 〈행복한 한국사 초등학교〉가 그 세상을 만드는 데 보탬이 되길 바랍니다.
행복한 한국사 초등학교 8, 9권 책임 집필. 서울대학교 역사교육과 졸업. 서울 상경중학교 교사. 〈우리 아이들에게 역사를 어떻게 가르칠 것인가〉를 썼다. jukbuin@dreamwiz.com

김육훈
아이들과 함께 역사를 이야기하며 보낸 지 벌써 21년째다. 늘 아이들과 눈을 맞출 수 있기를, 함께

숨쉴 수 있기를 소망했다. 지난날에 대한 내 이야기를 들으며, 내일을 살아갈 아이들이 오늘을 만든 이들과 살아있는 대화를 나누길 소망했다. 우리 아이들이 올곧게 자라 당당한 우리의 미래가 되길 소망한다.

행복한 한국사 초등학교 10권 책임 집필. 서울대학교 역사교육과 졸업. 서울 태릉고등학교 교사. 전국역사교사모임 회장 역임. 〈살아있는 한국사 교과서〉 〈살아있는 세계사 교과서〉 〈살아있는 한국 근현대사 교과서〉 〈쟁점으로 본 한국사〉 〈우리 아이들에게 역사를 어떻게 가르칠 것인가〉 등을 썼다. yhkim2u@hanmail.net

남정란

초등학교 5학년이 되는 아들 형주는 3년 내내 엄마의 첫 독자가 되어 주었다. 이 책을 통해서, 엄마의 글을 통해서 아들과 소통하고 싶었다. 내 아들에게 읽히고 싶었던 역사책, 〈행복한 한국사 초등학교〉를 세상에 내놓게 되었다. 형주와 소통했듯이, 이 책을 읽는 모든 아이들과 소통할 수 있다면 정말 행복할 것 같다.

행복한 한국사 초등학교 3, 4권 책임 집필. 한국교원대학교 역사교육과와 같은 대학원 석사 과정 졸업. 서울 태릉고등학교 교사. 〈고등학교 한국근현대사 교과서〉 〈살아있는 세계사 교과서〉 〈라이브러리 세계사〉 등을 썼다. theodora@dreamwiz.com

박선희

초등학생들에게 처음 보여 주는 우리 역사는 어떤 모습이어야 할까? 무엇을, 어떻게 풀어내야 하나? 너무나 어려운 문제였다. 함께 고민하고, 실마리를 풀어 준 다른 선생님들이 없었다면, 아마 책이 나오지 못했겠지! 〈행복한 한국사 초등학교〉와 함께한 3년 동안, 마감에 쫓겨 밤을 새워 가며 글을 쓰느라 무척 힘들었지만, 우리 아이들이 훌쩍 자란 것처럼 나도 조금 성장한 것 같아 기쁘다. 내 옆에서 내 이야기를 들어 주고 거친 글을 읽어 준 우리집 남자들에게 사랑한다고 말하고 싶다.

행복한 한국사 초등학교 1, 2권 책임 집필. 연세대학교 사학과 졸업. 서울 고명중학교 교사. ssoohh@chol.com

방지원

〈행복한 한국사 초등학교〉가 나올 거라는 말을 들은 뒤부터, 가끔씩 독촉 전화를 하는 초등학교 동창생이 있다. "야! 그 책 언제 나오는 거야? 네 말만 믿고 기다리는데, 우리 아들 초등학교 졸업하기 전에 나오긴 하는 거냐?" 엊그제 그 친구에게 전화를 했다. "아줌마 친구야, 책 드디어 나온단다. 네 아들이 이제 5학년 되니까, 멋진 첫 독자가 되겠다." 그 사이에 중학생이 되어 버린 사랑하는 내 딸 민경이! 너랑 함께 쓰고 읽고 고민하던 시간이 엄마는 참 행복했단다.

행복한 한국사 초등학교 5, 6, 7권 책임 집필. 한국교원대학교 역사교육과와 같은 대학원 박사 과정 졸업. (전)서울 대영고등학교 교사. (현)신라대학교 역사교육과 교수. 전국역사교사모임 역사교육연구소 소장. 〈우리 아이들에게 역사를 어떻게 가르칠 것인가〉를 썼다. minggi67@hanmail.net

검토한 이

윤종배(서울 온곡중학교 교사), **이성호**(서울 배명중학교 교사), **홍석주**(경기 양서고등학교 교사)

행복한 한국사 초등학교

⑤ 새 나라 조선이 들어서다

지은이 | 전국역사교사모임

1판 1쇄 발행일 2008년 12월 20일
1판 5쇄 발행일 2010년 6월 21일

발행인 | 김학원
편집인 | 선완규
경영인 | 이상용
편집장 | 정미영 최세정 황서현 유소영
기획 | 임은선 진현휘 김은영 김서연 박정선 정다이
디자인 | 김태형 유주현
마케팅 | 하석진 김창규
저자·독자 서비스 | 조다영 함주미(humanist@humanistbooks.com)
스캔·출력 | 이희수 com.
용지 | 화인페이퍼
인쇄 | 청아문화사
제본 | 정민제본

발행처 | 휴먼어린이
출판등록 제313 - 2006 - 000161호(2006년 7월 31일)
주소 | 서울시 마포구 연남동 564-40호 121-869
전화 | 02-335-4422 팩스 | 02-334-3427
홈페이지 | www.humanistbooks.com

ⓒ전국역사교사모임, 2008

ISBN 978-89-92527-13-2 73900
ISBN 978-89-92527-08-8(세트)

만든 사람들

기획 | 한필훈
편집 | 정미영
표지·본문 디자인 | AGI Society 이인영 박정은 박나래
일러스트 | 김원희 인강
사진 | 서두일
문의 | 휴먼어린이 편집장 정미영(jmy2001@humanistbooks.com)

◎ 이 책은 저작권법에 따라 보호받는 저작물이므로 무단전재와 무단복제를 금합니다.
　이 책의 전부 또는 일부를 이용하려면 반드시 저작권자와 휴먼어린이 출판사의 동의를 받아야 합니다.

2000여 역사 교사가 함께 만든
"내 아이에게 읽히고 싶은 역사책"

행복한 한국사 초등학교
(전10권)

전국역사교사모임 지음

- 1권   우리 역사의 시작
- 2권   삼국에서 남북국으로
- 3권   민족을 다시 통일한 고려
- 4권   세계 속의 코리아
- 5권   새 나라 조선이 들어서다
- 6권   조선 사람들, 외침을 극복하다
- 7권   세상을 바꾸려는 사람들
- 8권   조선이 품은 근대 국가의 꿈
- 9권   식민지를 넘어 해방의 시대로
- 10권 우리나라 대한민국

◉ 휴먼어린이는 〈행복한 한국사 초등학교〉(전10권)를 꾸준히 출간하여 2009년에 완간할 계획입니다. **1-10권의 사은품 응모권 10장**을 모두 모아서 보내 주시는 분들께는 추첨을 통해 **푸짐한 상품**을 드립니다. 자세한 내용은 홈페이지(www.humanistbooks.com)를 통해 알려드리겠습니다.

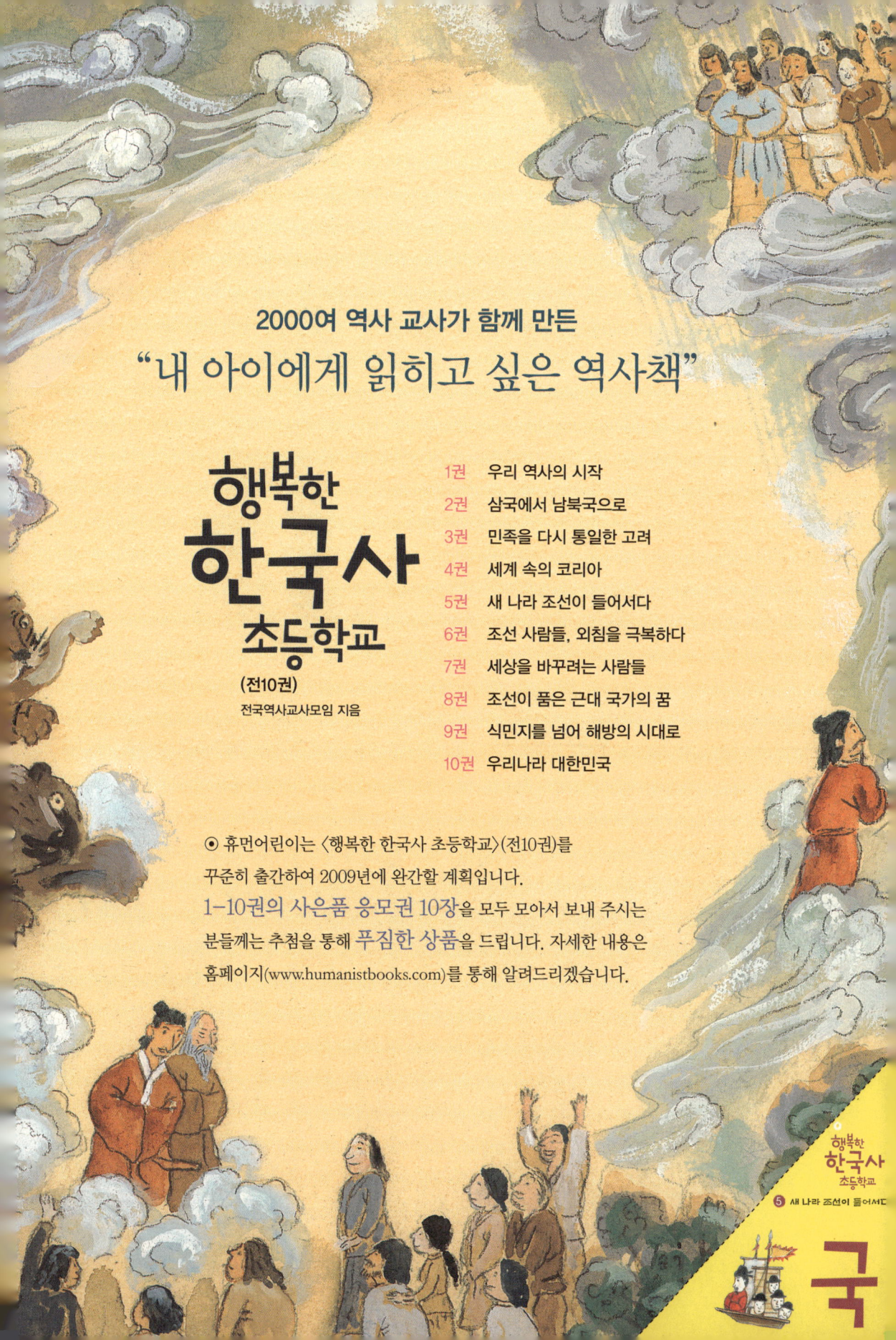